NEW YORK

INTEGRITY

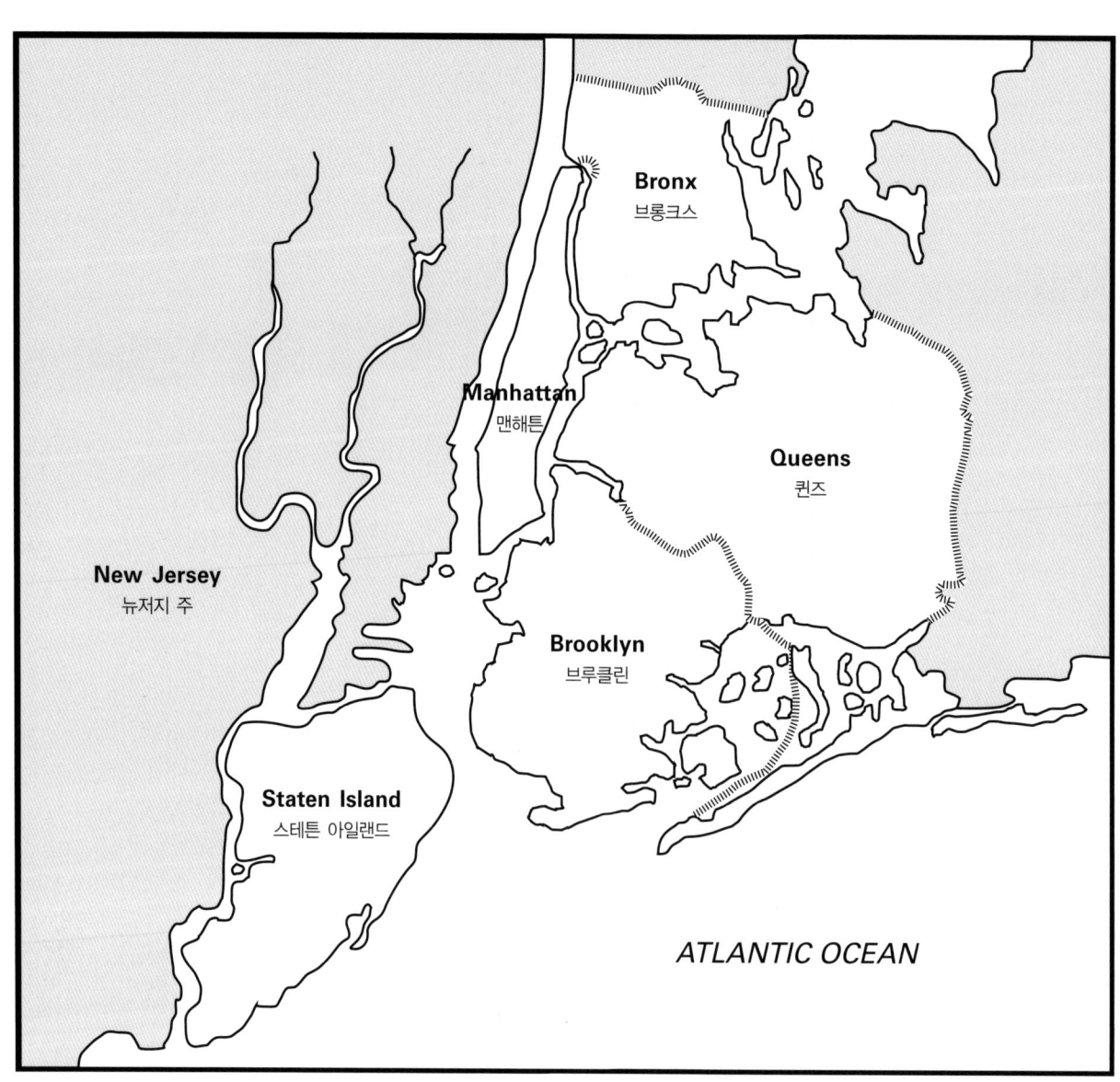

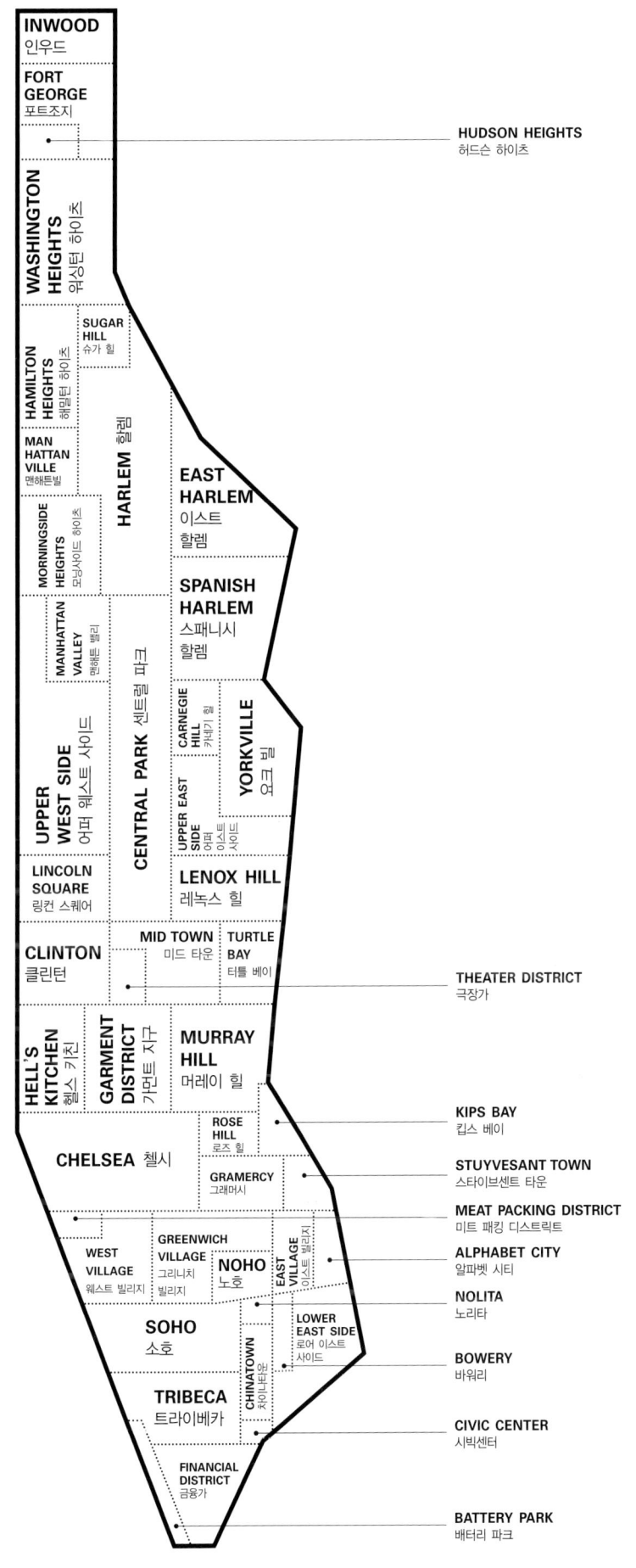

CONTENTS

1. NEW YORK NEW YORK 6

뉴욕 예찬론자의 뉴욕브리핑

정치, 경제의 중심 뉴욕
미디어의 중심 뉴욕
패션과 문화의 중심 뉴욕
박물관의 중심 뉴욕
대학 그리고, 스포츠로 유명한 뉴욕
쇼핑
하이라인(High Line)
소호(SOHO)
뉴욕 공공 도서관(New York Public Library)
루즈벨트 아일랜드(Roosevelt Island)

2. 8가지 색깔의 뉴욕 맛집 28

1. MAISON KAYSER (ERIC KAYSER)
2. FLEX MUSSELS
3. RUBIROSA
4. THE SMITH
5. LANDMARC
6. AMALI
7. JONES WOOD FOUNDRY
8. La Esquina Brasserie

3. 미국 수제버거 A to Z 36
  미국 최초의 햄버거 Louis Lunch
  Shake Shack
  Five Guys
  Bobby's Burger Palace
  Smash Burger
  시카고의 명물 EPIC BURGER
  서부 햄버거의 대명사 IN N OUT
  J.G. Melon

4. Graffiti & Mural Art In New York 52
  그래피티의 박물관 하이라인(High Line)
  소호(SOHO)의 그래피티
  브루클린 윌리엄스버그(Brooklyn Williamsburg)

5. '라'와 '니'의 차이 66
  LA 비버리힐즈(Beverly Hills) VS NY 소호(South Of Houston st.)

6. 브루클린으로 가는 두 남자 67

7. 더 클로이스터즈(The Cloisters) 78
  중세 예술을 가장 중세답게 느낄 수 있는 미술관

8. 9/11 메모리얼을 찾는 나의 발걸음 89

NEW YORK NEW YORK
뉴욕 예찬론자의 뉴욕브리핑

로어 맨해튼(Lower Manhattan) / 엠파이어 스테이트 빌딩(Empire State Building) / 자유의 여신상(Statue Of Liberty) / 브루클린 덤보(DUMBO) / 타임스 스퀘어(Times Square)

뉴욕 JFK 공항행 비행기 티켓을 또 질렀다. 7년 동안 벌써 6번째다. 지난 5개월간의 유럽 여행 후 나는 '코펜하겐이 좋다', '북유럽이 최고다', '독일에 답이 있다'고 말했지만 다시 뉴욕에 오게 된다. 프린스턴을 졸업하고 미국과 유럽의 여러 연구소에서 일해 온 사촌 동생과 이야기하면서 우리는 공통된 결론에 도달하게 된다.

"세계에는 좋은 도시들이 정말 많지만 뉴욕과 같은 곳은 없는 것 같아."

그리고 다시 뉴욕으로….

여러 친구들과 미국 여행 추천지에 대해 이야기한 적이 있다. 어떤 이는 뉴욕이 더럽고 실망스럽다며 날씨가 따뜻하고 기후가 좋은 LA를, 다른 이는 건축의 아름다움과 잘 정돈된 도시인 시카고를 추천했지만 나의 1순위는 언제나 뉴욕이었다.

그들이 본 여러 단점들도 있겠지만 그럼에도 불구하고 뉴욕은 뉴욕이다. 미국의 수도가 워싱턴 D.C라면 세계의 수도는 뉴욕이다. 정치, 경제, 미디어, 음악, 뮤지컬, 문화, 패션, 박물관, 대학, 스포츠 등 다양한 분야에서 뉴욕은 세계의 수도가 되어 왔다. 세계의 중심인 뉴욕에 대해 가장 대표적인 것들부터 간략하게 정리해 보았다.

정치, 경제의 중심 뉴욕

UN본부 / NYSE / 월 스트리트(WALL ST) / 부를 상징하는 월 스트리트의 황소동상 / 모건 스탠리(Morgan Stanley)

세계 193개국이 소속되어 있으며 정치, 경제 등의 평화와 국제 협력을 증진하는 국제연합(United Nations, UN)의 본부가 뉴욕에 있으며, 런던과 더불어 세계 최대 금융시장으로 여겨지는 미국 금융시장의 증권거래소, 투자자문회사, 투자회사인 뉴욕 증권거래소(NYSE, New York Stock Exchange), NASDAQ, 다우존스(Dow Jones), S&P, 골드만 삭스(Goldman Sachs) 등이 있는 월 스트리트(Wall Street)가 바로 뉴욕에 있다.

| 미디어의 중심 뉴욕 |

abc방송국 / 타임 워너 센터(Time Warner Center) 내부 / 타임 워너 센터(Time Warner Center) 외부 / NBC방송국 / 라디오 시티 뮤직홀(Radio City Music Hall)

미국의 3대 지상파 방송국이라고 불리우는 NBC(National Broadcasting Company), CBS(Columbia Broadcasting System), ABC(American Broadcasting Company) 방송국의 본사가 모두 뉴욕에 있으며, 이와 더불어 디즈니(Disney)사에 이어 세계에서 두 번째로 큰 미디어 및 종합 엔터테인먼트 기업인 타임 워너(Time Warner)사의 본사도 뉴욕 콜럼버스 서클(Columbus Circle)에 있다. 이 밖에 크고 작은 방송국, 언론사들의 본사 및 지사가 뉴욕 맨해튼에 자리 잡고 있다.

| 패션과 문화의 중심 뉴욕 |

영국 런던의 웨스트 엔드(West End)와 미국의 브로드웨이(Broadway) 뮤지컬은 세계 최고로 꼽을 수 있을 것이다. 그 브로드웨이 뮤지컬이 바로 미국 뉴욕에 있다. Broadway Ave와 7th Ave가 만나는 곳인 타임스 스퀘어를 중심으로 West 53rd St부터 West 42nd St까지 고루 퍼져 있는 극장 구역에는 〈라이온 킹〉, 〈위키드〉, 〈오페라의 유령〉, 〈렌트〉 등의 유명 뮤지컬 극장들이 뮤지컬을 보기 위해 온 관객들을 기다리고 있다.

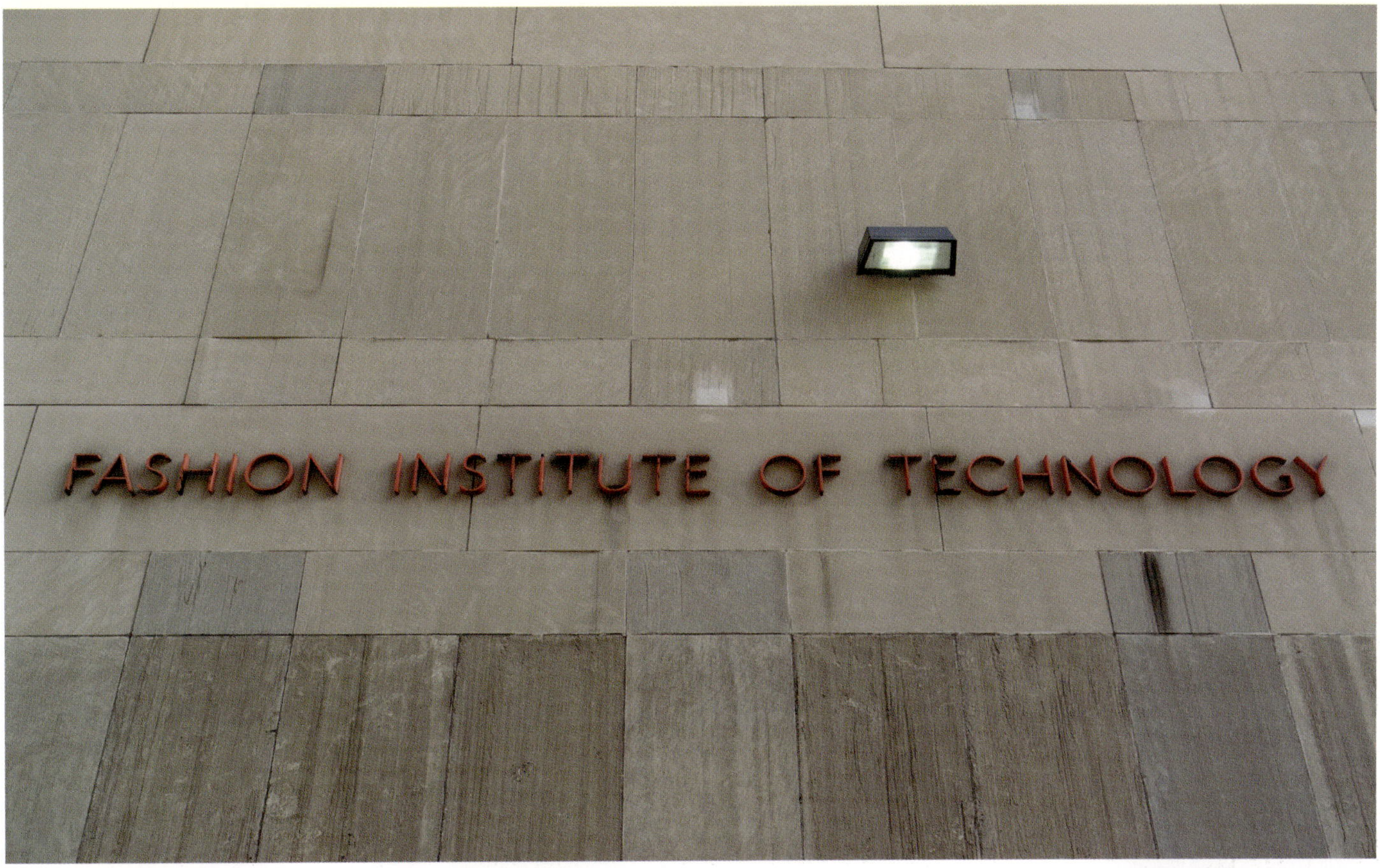

뉴욕의 패션은 런던, 파리, 밀라노와 더불어 세계 4대 컬렉션으로 유명하다. 파슨스 스쿨(Parsons The New School For Design)이나 FIT(Fashion Institute Of Technology)처럼 세계적인 패션 및 디자인 스쿨 외에 크고 작은 디자인 스쿨들이 있으며, 뉴욕의 소호(SOHO, South Of Houston), 첼시(Chelsea) 등은 세계 4대 컬렉션 중 하나인 뉴욕 패션 및 쇼핑의 중심이 된다.

카네기 홀(Carnegie Hall) / 링컨 센터(Lincoln Center)

뉴욕의 음악은 클래식과 힙합이 유명하다. 먼저, 클래식으로는 줄리아드 음대(The Juilliard School), 맨해튼 음대(Manhattan School Of Music), 매네스 음대(Mannes School Of Music)가 있으며, 카네기 홀(Carnegie Hall), 줄리아드 음대가 있는 링컨센터(Lincoln Center), BAM(Brooklyn Academy Of Music)은 세계적으로 명성 있는 극장이자 뮤직홀이다. 그 밖에도 우리나라의 유명 가수들이 종종 공연하는 매디슨 스퀘어 가든(Madison Square Garden)이나 바클레이 센터(Barclays Center)와 같이 실내 운동장과 콘서트홀을 병행하는 곳도 있다.

힙합은 70년대 후반 뉴욕의 빈민가인 브롱크스(Bronx)와 할렘(Harlem)에서 시작되었다. 이후 지속적으로 발전하여 힙합의 4대 요소인 DJ, 랩, B-BOY, 그래피티 아트(Graffiti Art) 등 여러 힙합 관련 문화가 형성되었으며 그에 따른 학교나 교육기관들이 발달하였다.

박물관의 중심 뉴욕

구겐하임(Guggenheim) / 자연사 박물관(American Museum Of Natural History) / 휘트니 미술관(Whitney Museum Of American Art) 테라스

뉴욕 자체가 모든 분야를 한곳에 모아 놓은 박물관이겠지만 재미있게도 뉴욕은 실제로 박물관으로도 유명하다. 세계에서 가장 큰 박물관 중 하나인 메트로폴리탄 박물관(The Metropolitan Museum Of Art), 구겐하임(Guggenheim) 미술관, MOMA(Museum Of Modern Art), 휘트니 미술관(Whitney Museum Of American Art) 그리고, 영화 〈박물관이 살아있다〉(Night At The Museum)로 유명한 자연사 박물관(American Museum Of Natural History), 중세 예술을 가장 중세답게 볼 수 있는 더 클로이스터스(The Cloisters) 등이 있으며, 이외에도 뉴욕은 크고 작은 여러 박물관으로 유명하다.

| 대학 그리고, 스포츠로 유명한 뉴욕 |

뉴욕 대학교(NYU) / 파슨스 디자인 스쿨(Parsons The New School For Design) / FIT(Fashion Institute Of Technology)

뉴욕은 또한 다양한 학교가 있기로 유명하다. 먼저, 뉴욕의 강호 뉴욕 대학교(NYU, New York University), 아이비리그에 속하는 컬럼비아(Columbia)대, 디자인으로 유명한 파슨스 디자인 스쿨(Parsons The New School For Design)과 FIT(Fashion Institute Of Technology), 음악으로 유명한 줄리아드(The Juilliard School) 등 각 분야의 명문 대학들이 세계인들이 모이는 도시인 뉴욕에 있다.

스포츠 아레나이자 우리나라 유명 가수들도 공연을 했던 매디슨 스퀘어 가든(Madison Square Garden)

세계에서 가장 유명한 야구팀을 뽑으라고 하면 단연 뉴욕 양키즈일 것이다. 뉴욕에는 야구 뉴욕 양키즈의 구장인 양키즈 스타디움(Yankees Stadium), 뉴욕 메츠의 구장인 시티 필드(City Field), 미국 농구 NBA의 뉴욕 닉스(New York KNICKS)와 아이스하키 팀인 뉴욕 레인저스(New York Rangers)의 홈구장이자 세계에서 가장 유명한 경기장 중 하나인 매디슨 스퀘어 가든(Madison Square Garden) 등 스포츠의 중심이 되는 경기장들이 있다.

쇼핑

고급 백화점인 삭스 피프스 애비뉴(Saks Fifth Avenue)

뉴욕은 또한 쇼핑의 중심이기도 하다. 삭스 피프스 애비뉴(Saks Fifth Avenue), 블루밍데일즈(Bloomingdale's), 메이시스(Macy's) 등 가격대별 미국을 대표하는 다양한 백화점들이 모여있다. 그리고, 미국 대통령인 트럼프 타워(Trump Tower)와 크리스마스 트리로 유명한 록펠러 센터(Rockefeller Center)가 있는 5th Ave는 명품과 세계 유명 브랜드가 모여 있는 미드타운 대표 쇼핑가이다. 크고 작은 편집샵들과 유명 브랜드들이 모여 있으며, 여러 모델들과 예술가들을 볼 수 있는 소호(SOHO, South Of Houston)도 다운타운 쇼핑의 일번지이다. 특히, 11월 Thanks Giving Day부터 연말이 되면 다양한 할인 행사로 좋은 아이템들을 비교적 저렴하게 구할 수 있다.

이제까지 정치, 경제, 문화, 교육 등 다양한 분야에서 뉴욕이 세계의 중심임을 알아보았는데, 이 밖에 뉴욕을 상징하는 관광지로는 엠파이어 스테이트 빌딩(Empire State Building)과 자유의 여신상(Statue Of Liberty), 센트럴 파크(Central Park), 타임스 스퀘어(Times Square)가 있겠지만 내 개인적으로 뉴욕에서 가장 좋아하는 곳은 하이라인 파크(High Line Park)와 소호(SOHO), 루즈벨트 아일랜드(Roosevelt Island) 그리고, 뉴욕 공공 도서관(New York Public Library)이다.

| 하이라인(High Line) |

지금은 운행하지 않는 지상 위로 다니던 전철 길을 공원으로 조성한 곳이다. 우리나라의 서울로7017(서울역 고가 공원)의 모델이 된 곳으로서 보행자나 차가 다니는 길보다 높은 위치에서 건물 사이사이를 볼 수 있다. 3, 4층 정도 되는 건물들을 관통하며 걷다 보면 나 자신이 아이언맨이 되어 건물 사이를 날아다니는 듯한 기분이 느껴지기도 한다. 또한, 전체 길 중간 중간에 걷다가 쉴 수 있는 벤치와 공원, 예술 작품들이 간간이 있어서 해마다 많은 관광객이 이곳을 찾는다.

소호(SOHO)

뉴욕 패션과 쇼핑의 중심이 되는 곳이다. 예전에는 신진 예술가나 여류 작가들이 활동했던 곳이었지만 이제는 브랜드와 명품, 패션의 중심이 되었다. 그런 만큼 그곳의 다양한 상점, 미술관, 나이스한 레스토랑, 맛집 등이 사람들을 이끈다. 그러한 분위기에 맞게 여러 선남선녀나 모델 지망생들, 젊은 예술가들을 볼 수 있으며, 그들과 함께 걷고 있으면 으레 기분이 좋아진다.

| 뉴욕 공공 도서관(New York Public Library) |

브라이언트 파크(Bryant Park) 끝에 있는 도서관으로 내부에 역사와 전통이 있는 많은 서적을 보유하고 있다. 그 핵심인 메인 열람실에 들어가면 거대하고 화려한 천장과 내부를 느낄 수 있다. 각 층에는 전시된 작품들도 많아 책을 읽으러 오는 주민들뿐만 아니라 관광객들 또한 이곳을 찾는다. 이미 뉴욕 공공 도서관은 뉴욕을 상징하는 관광지 중 하나이다.

| 루즈벨트 아일랜드(Roosevelt Island) |

맨해튼 섬의 동쪽에 있는 루즈벨트 아일랜드(Roosevelt Island)는 맨해튼 풍경을 볼 수 있는 곳 중 하나로 유명하다. 특히, UN 본부 방면을 바라볼 수 있다. 뿐만 아니라 이곳에서는 영화 〈다크나이트 라이즈〉(Dark Knight Rises)에 나온 다리인 퀸스보로 브리지(Queensboro Bridge)를 바로 앞에서 볼 수 있으며, 루즈벨트 아일랜드에서 맨해튼으로 이어지는 트램을 타고 맨해튼으로 건너가면 높은 위치에서 아파트 사이사이와 건물들, 일자로 뻗은 길들을 끝까지 볼 수 있다.

퀸스보로 브리지는 2011년 이후 에드 코치 브리지(Ed Koch Bridge)로 이름을 바꾸었으며, 뉴요커들 사이에서는 59번가 다리(59th Street Bridge)로도 불리우기도 한다.

이제까지 분야별 중심으로서의 뉴욕에 대하여 알아보았으며, 몇 곳의 관광지를 간략하게 소개해 보았다. 흔히들 미국에서 가장 미국다운 도시라고 하면 시카고(Chicago)를 이야기한다. 반면 뉴욕은 미국이라고 하기엔 너무 많은 것이 복합적으로 집합해 있다. 뉴욕은 세계의 수도인 것이다.

8가지 색깔의 뉴욕 맛집

세계의 모든 분야를 한곳에 모아놓은 집약체인 뉴욕. 다양한 민족, 언어, 음식, 문화가 공존하는 뉴욕에서 8가지 종류의 개성있는 식당을 소개한다.

| MAISON KAYSER (ERIC KAYSER) |

1996년 파리에 처음 오픈한 정통 프랑스식 베이커리. 우리나라에는 설립자의 이름인 에릭 케제르(Eric Kayser)로 입점되었다. 뉴욕에도 매종 케제르와 에릭 케제르, 두 곳 모두 있지만 크게 구분 없이 베이커리와 프랑스식 식사를 함께할 수 있는 곳이다. 브런치를 원한다면 에스프레소와 함께 아몬드 크루아상으로 시작하자. 진한 커피와 달콤한 크루아상이 환상의 조화를 이룬다. 또한, 얇게 썰어져 나오는 프랑스식 호밀빵 위에 연어, 소시지, 계란 등을 얹어 함께 먹으면 럭셔리한 브런치를 즐길 수 있다.

종류   프랑스식 브런치 외
위치   E 74th St / 3rd Ave 외 다수

| FLEX MUSSELS |

깔끔하고 모던한 스타일의 해산물 식당 FLEX MUSSELS는 젊은이들에게 인기가 많다. 굴은 당일 컨디션과 산지에 따라 다르게 조리하여 먹을 수 있으며, 그 외에 홍합과 다양한 해산물을 먹을 수 있다. 특히, 연어 위에 올려져 나오는 에그 베네딕트는 환상적이다. 홍합탕이나 작은 샌드위치처럼 여럿이서 나눠 먹을 수 있는 메뉴도 있으니 주문 전 자세히 살펴보자.

종류 해물요리
위치 E 74th St / 3rd Ave 외 다수

| RUBIROSA |

패션과 쇼핑으로 유명한 뉴욕 소호 뒷골목에 있는 파스타 레스토랑이다. 소호는 리틀 이태리와 가깝기에 유명한 이탈리아 레스토랑이 많은데, RUBIROSA도 그중 한 곳이다. 입안 한가득 리치하게 퍼지는 치즈가 듬뿍 담겨 있는 피자도 유명하지만 거대한 미트볼 위에 파스타를 얹은 미트볼 스파게티도 이곳의 주요 추천 요리이다. 또한, 담백한 맛의 리조또는 느끼함을 잡아 준다.

종류 이탈리안
위치 235 Mulberry St

| THE SMITH |

콜럼버스 서클 근처에 위치한 미국식 퓨전 레스토랑으로 맨해튼 내에도 다수의 지점이 있다. 미국식이라고 하면 기름진 음식을 생각하지만 신선한 야채와 건강을 생각하는 호밀빵으로 구성된 햄버거 등 전반적으로 깔끔하게 나오는 음식이 특징이다. 절반은 숙성되어 나오는 참치 샐러드도 그 신선하고 담백한 맛을 더해 준다.

종류 미국식 퓨전요리
위치 1900 Broadway 외 다수

| LANDMARC |

콜롬버스 서클 타임워너 센터 3층에 있는 고급 서양식 레스토랑. 프랑스식 요리와 이탈리안 파스타, 미국식 스테이크 등이 융합된 다양한 요리를 모던하면서도 고급스럽게 먹을 수 있는 곳이다. 후라이드 치즈볼, 홍합탕, 관자살 등 고급스럽고 정성스러운 이태리, 프랑스 요리와 더불어 햄버거 같은 미국식 요리도 먹을 수 있다.

종류 고급스런 서양 일반 퓨전 다이닝
위치 10 Columbus Circle 3rd Floor 외 1지점

| AMALI |

'SUSTAINABLE MEDITERRANEAN'이라는 문구를 모토로 하는 레스토랑인 만큼 상당히 깔끔하게 먹을 수 있는 지중해식 레스토랑이다. 홍합, 새우 등의 해산물 요리와 로스트 치킨, 그릴드 포크립, 연어요리, 스테이크 등 지중해 스타일의 다양한 요리들을 먹을 수 있다. 음식이 정갈하게 나오는 것이 특징이지만 철판 위에 나오는 비프 스테이크는 뛰어난 맛과는 별개로 포크를 사용할 때 소름이 돋지 않도록 조심할 것.

종류 지중해식
위치 115 E 60th St

| JONES WOOD FOUNDRY |

고급스런 영국식 펍이다. 영국 축구리그(EPL, ENGLISH PREMIER LEAGUE) 시즌이 되면 게임 시간에 맞게 Bar 오픈 시간이 조절되며 오전에는 English Breakfast 도 주문할 수 있다. 시끌벅적하고 다이나믹한 외부의 Bar와는 다르게 식당 안쪽으로 들어가면 오붓하게 즐길 수 있는 테이블이 마련되어 있으며 바삭바삭하게 튀겨져 나오는 두툼한 피시 앤 칩스와 영국식 맥주가 유명한 곳이다.

종류 영국식
위치 E 76th St / 1st Ave

| La Esquina Brasserie |

소호, 리틀 이태리 지역에 있는 만족도 높은 멕시코 요리 식당이다. 처음 이곳을 찾을 때, 지상층에 있는 La Esquina Café로 오인할 수 있으나, La Esquina Brasserie는 카페 옆 The Corner라는 식당 내부에 숨겨져 있다. The Corner에 들어가면 일반 식당과 같이 주방과 테이블이 있고 그 안쪽으로 철문 하나가 있다. 그 철문 앞에는 덩치 큰 사람들이 지키면서 예약된 명단과 시간을 확인한 후 아래층으로 내려보내 준다. 계단을 내려가면 은밀한 분위기의 새로운 세상이 펼쳐진다. 스테이크와 옥수수 바, 멕시칸 스몰 플레이트 요리들, 맥주와 칵테일이 유명하지만 무엇보다 주위를 압도하는 음침한 분위기가 개성을 느끼게 해 준다. 이곳은 전화 예약으로 입장이 가능하며 인기가 많기 때문에 기본 3주 전에는 예약해야 한다. "숨겨진 맛집은 바로 이런 곳을 말하는 것."

종류 멕시코식
위치 114 Kenmare St

이제까지 8가지 색깔의 뉴욕 맛집을 알아보았는데, 다양한 민족, 문화, 언어, 음식이 공존하는 세계의 수도, 뉴욕을 여행하면서 햄버거와 후라이드 치킨, 핫도그에 지쳐 또 다른 맛집을 묻는다면 위의 레스토랑을 조심스럽게 추천해 본다. 대부분 여러 레코드에 올랐으며 일부는 유명 셰프가 운영하는 레스토랑이기 때문에 실망하지 않을 것이다.

미국 수제버거 A to Z

미국 유명 햄버거 전문점인 쉐이크 쉑(Shake Shack)이 대한민국에 상륙했다. 강남에 오픈한 쉐이크 쉑(Shake Shack)은 사람들이 햄버거 하나를 먹고자 어마어마한 줄을 설 정도로 인기가 많았다. 그동안 한국 수제버거 브랜드는 대한민국 1세대 수제버거라는 명성을 얻고 있는 이태원 스모키 살룬(SMOKEY SALOON)을 시작으로 크라제(KRAZE), 브루클린 버거 조인트(Brooklyn Burger Joint), 버거비(Burger B) 등등 날이 갈수록 늘어나고 있다. 이전 세대들에게 햄버거란 맥도날드(McDonald's), 버거킹(Burger King), 롯데리아 등과 같이 빠르고 간단하게 식사를 해결할 수 있는 패스트푸드로 역할을 해왔다. 하지만, 외국을 다녀본 경험이 많고, 하나를 먹어도 맛있고 의미 있는 체험을 하기 원하는 젊은 세대들에게 햄버거는 더 이상 빠르고 간단하게 식사를 해결할 거리가 아닌 그 맛으로서 인정받는 요리가 되었다. 그러한 의미에서 햄버거의 나라, 미국의 최초 햄버거와 동서부의 유명 버거에 대해서 간단히 정리해 보았다.

미국 최초의 햄버거 Louis Lunch

미국에서 최초로 햄버거를 만들어 판매한 가게 이름은 루이스 런치(Louis Lunch)이다. 예일(Yale) 대학이 있는 도시 뉴 헤이븐(New Haven) 시내 맛집들이 몰려 있는 골목에선 빨간 벽돌과 문이 자그마한 한 가게를 만날 수 있다. 1895년 처음 시작 때에는 마차에서 햄버거를 판매했었다고 하는데, 지금 건물 또한 외관상 규모가 작은 것처럼 가게 내부에는 서너 개의 테이블만이 있고, 테이블과 벽에는 루이스 런치의 역사에 관한 기사 스크랩들이 붙어 있었다. 이곳은 햄버거를 첫 모습 그대로 간직하여 명맥을 유지하고 있는 곳이다.

식빵 사이에 햄 패티와 양파, 토마토 정도가 가지런히 놓여 있다. 그리고, 감자튀김 대신 특유의 조미료가 들어간 으깬 감자가 제공되었다. 고기 맛은 육즙이 상당히 리치했으며 고기의 굽기도 선택 가능하다. 크리스피하게 구워 나온 식빵 속 구운 양파의 맛도 좋았다. 반면, 식빵 사이에 들어 있는 햄버거는 그동안 버거 번에 익숙해진 사람들에겐 낯설게 느껴질 수도 있다. 토마토, 양파, 빵을 두르고 있는 식빵이 젖은 것 또한 약간의 부조화를 일으킨다. 하지만 이 가게는 역사적 자부심을 가지고 옛 방식 그대로의 조리법을 고수하고 있다.

'역사가 있으니, 한 번 정도는 가볼 만해'라는 누군가의 말에 동의한다.

이제까지 미국 최초의 햄버거에 대해 간략히 살펴보았는데, 이번에는 미국 동부, 중부, 서부의 유명 햄버거에 대해 알아보도록 하겠다.

햄버거 하면 뉴욕이고, 뉴욕을 여행한다면 한두 번은 반드시 햄버거 가게를 들를 것이다. 그런 만큼 미국 동부는 햄버거가 유명하며 종류도 다양하다.

Shake Shack

단연 미국 최고의 햄버거이자 세계에서 가장 맛있기로 유명한 햄버거 브랜드이다. 쉐이크 쉑(Shake Shack)은 미국 맨해튼에 여러 지점이 있음에도, 오후 서너 시에 가더라도, 지하철과 버스 교통이 불편한 곳에 있더라도 항상 대기 줄이 길다. 미국 제1의 햄버거 브랜드인 쉐이크 쉑(Shake Shack)은 몇 년 전까지만 해도 가장 유명한 햄버거 브랜드라고 하기엔 맨해튼 내에 지점이 몇몇 정도 있을 뿐이었으나, 요즈음 확장 중이다. 런던 코벤트 가든(Covent Garden)뿐만 아니라 이제 우리나라에도 들어왔다.

"정말 맛깔 난다."

맛의 특징　약간 스모키한 맛이 나면서도 조금 달달한 편, 약간의 버터향
고기 두께　적당하게 두꺼움. (중간)
햄버거 전체 크기　조금 작은 편

햄버거가 아주 찰진 맛이다. 약간 태운 듯한 햄버거에선 스모키와 약간의 버터 향이 나면서도 조금 달달하여 사람들을 중독시키기에 충분하다. 고기 두께는 중간 정도로 아주 두껍지도, 얇지도 않지만 결정적으로 햄버거 전반적인 크기가 조금 작은 편이어서 정말 감질맛 나게 만든다. 단점은 역시 많이 기다리는 것에 있다. 참고로 가게 이름처럼 밀크 쉐이크와 같이 먹는다면 목이 마를 수 있으므로, 음료를 따로 시키고 밀크 쉐이크는 후식으로 먹는 것을 추천한다.

Five Guys

버락 오바마 대통령이 인정하여 유명해진 파이브 가이즈(Five Guys). 대통령이 선택한 것처럼 다양한 타이틀에서 수년간 1위를 차지했다. 쉐이크 쉑(Shake Shack)과 뒤에서 소개할 바비스 버거 팰리스(Bobby's Burger Palace)가 수제버거 전문점의 느낌이 난다면, 파이브 가이즈는 패스트푸드 버거점(맥도날드, 버거킹)과 수제버거 전문점의 중간 정도로 볼 수 있다. 이러한 점은 서부의 인 앤 아웃(IN N OUT) 버거와 비슷하다.

"간편하게 골라 먹는 재미"

맛의 특징   패스트푸드점보다 한 단계 높은 고기 맛
고기 두께   적당하게 두꺼움. 넓적함. (중간)
햄버거 전체 크기   크고 배부름

파이브 가이즈의 패티는 쉐이크 쉑(Shake Shack)보다는 약간 얇은 편이며, 고기의 진득한 맛을 느끼기 위해서는 패티 두 장이 적당하다. 그래도 여전히 패스트푸드점보다는 더욱 양질의 햄버거를 먹을 수 있다. 쉐이크 쉑(Shake Shack) 버거의 전체적인 크기가 컴팩트하게 작았다면 파이브 가이즈(Five Guys)는 큰 편이다. 최고의 장점은 뉴욕 맨해튼 및 동부 여러 곳에서 매장을 볼 수 있기 때문에 줄을 많이 서지 않으며, 줄을 선다 하더라도 빠르게 만들어 준다. 그리고, 가격 또한, 쉐이크 쉑(Shake Shack)이나 바비스 버거 팰리스(Bobby's Burger Palace)에 비하여 저렴하여 편하게 먹을 수 있다. 단지, 호일에 싸 주기 때문에 약간 패스트푸드의 느낌이 날 때도 있다. 결론적으로 수제 버거 전문점과 패스트푸드의 중간 정도라고 볼 수 있다.

Bobby's Burger Palace

지금 미국 동부에서 한창 뜨고 있는 곳이다. 점포도 기하급수적으로 늘어나고 있다. 동부뿐만 아니라 라스베가스에도 있다. 가격은 조금 비싸지만 이곳의 햄 패티는 다른 버거점에 비해 압도적으로 두꺼우며, 고기 냄새도 아주 강하다.

"크고 두껍고 고기 냄새 제대로"

맛의 특징   풍부하고 두꺼운 고기에서 리치한 햄버거를 느낄 수 있다.
고기 두께   상당히 두껍다.
햄버거 전체 크기   크다.

고기가 두껍기 때문에 당연히 고기 굽기(Rare, Medium, Welldone 등의 5단계)도 선택할 수 있으며, 고기 상태도 신선하기 때문에 육즙이 살아있는 햄버거이다. 그래서 그런지 지금 미국에서 가장 뜨고 있고 매장도 몇 년 사이에 급격하게 늘어났다.

감자 칩을 빵 사이에 넣어 주는 햄버거도 있으며, 반숙 계란과 함께 주는 햄버거 등 종류가 다양한 편이다. 밀크 쉐이크는 빨대로 빨아 먹기조차 힘들 정도로 진득하며 리치하다. 때문에 후렌치 후라이를 찍어 먹는 것이 좋다. 초코나 모카 쉐이크 등 다양한 쉐이크에 감자튀김을 찍어 먹으면 그야말로 예술이 된다. 튀김에는 감자와 고구마가 있으며, 감자튀김은 바삭한 맛이, 고구마튀김은 바삭함이 떨어지지만 고구마 특유의 달달한 맛이 일품이다. 쉐이크 쉑(Shake Shack)과 파이브 가이즈(Five Guys)가 종이봉투에 담아 주었다면 바비스 버거 팰리스(Bobby's Burger Palace)는 접시에 통 피클 절반과 함께 올려준다. 이 정도 되면 햄버거 전문점이라고 할 만하다. 가장 양질의 햄버거와 매장 상태도 깔끔하고, 접시에 줄 정도로 신경 쓴다. 다른 햄버거에 비하면 가격이 높은 편이다.

Smash Burger

스매쉬 버거(Smash Burger)는 위의 세 곳만큼 빠르게 성장하지는 않지만 미국 동부에서 지속적으로 점포를 늘리고 있다.

"가족 버거"

맛의 특징   그릴에 구운 맛, 살살 녹는 치즈, 스윗한 후렌치 후라이, 에그번
고기 두께   얇고 넓적하다. (중간)
햄버거 전체 크기   중간 정도

햄버거는 비교적 얇고 넓적한 편이지만 그릴에 구운 패티, 살살 녹는 치즈와 특유의 소스, 풍미를 더하여 주는 에그번이 일품이다. 또한, 얇게 썰어서 나오는 후렌치 후라이는 상당히 바삭바삭하며 스윗하다. 스매쉬 버거도 파이브 가이즈(Five Guys)나 인 앤 아웃(IN N OUT) 버거처럼 햄버거 전문점과 패스트 푸드점의 중간 정도라 볼 수 있다. 특히, 가족 단위로 온 테이블이 많다.

지금까지 미국 동부에서 가장 유명하거나 지금 한창 뜨고 있는 버거 전문점을 간략하게 비교해 보았는데, 이제 미국 중부와 서부로 넘어가 보겠다.

시카고의 명물 EPIC BURGER

미국에서 가장 미국다운 도시라는 평을 듣는 시카고! 딥 디쉬(Deep Dish)라고 불리우는 시카고 피자가 유명하지만 시카고에도 햄버거 맛집이 있다. 먼저, 특이하고 거대한 외관의 맥도날드 플래그십 스토어(McDonald's Flagship Store)이다. 현대 철골건축의 표본이라는 시카고의 특성을 반영해서인지 맥도날드 플래그십 스토어는 그 외관마저도 화려하다. 그렇기에 수많은 관광객들이 그곳을 찾는다. 그리고 그 아성에 도전하는 햄버거 전문점이 있다. 바로 시카고 베스트 버거를 자처하는 에픽 버거(EPIC BURGER)이다. 시카고의 거리를 걸어 본 사람은 어디서나 그 이름을 보게 된다.

"스모키 향을 내는 소스와 볶은 양파의 조화"

맛의 특징   스모키 향 그 자체
고기 두께   두껍지만 연함. (중간 크기)
햄버거 전체 크기   큼

특유의 스모키 향을 내는 소스와 볶은 양파가 맛있다. 미치 필라델피아 치즈 스테이크를 먹는 듯한 향이 난다. 단지, 고기를 버거로 바꾸었을 뿐. 특히, 겉에 기름기가 흐르고 따끈하게 구운 노란색의 햄버거 번이 상당히 맛있는 편이다. 번의 두께도 두껍기 때문에 스모키 향을 잘 잡아 준다. 실제로 시카고 곳곳에 점포가 있고, 골목골목마다 있기 때문에 시카고에서는 쉽게 볼 수 있다. 이들은 말한다. "The Best Burger In Chicago."

서부 햄버거의 대명사 IN N OUT

이미 신사동 등 국내 여러 식당에서 인 앤 아웃(IN N OUT) 버거를 공수하여 판매할 정도로 유명한 햄버거.

"패스트푸드의 고급화!"

맛의 특징 사우전 아일랜드(Thousand Island) 향이 강하게 풍기는 가성비 최고의 햄버거
고기 두께 얇음
햄버거 전체 크기 작은 편

고기의 두께는 얇지만 특유의 사우전 아일랜드 소스로 사람들의 입맛을 사로잡는다. 이 소스가 일품이기 때문에 모든 인 앤 아웃(IN N OUT) 버거에는 사우전 아일랜드 소스가 들어간다. 작은 버거 번 사이에 풍성한 야채와 토마토, 갓 구운 패티, 상큼한 사우전 아일랜드 소스가 가미되면 유명한 인 앤 아웃(IN N OUT) 버거가 된다. 앞에서 소개한 다른 햄버거에 비해 고기 두께가 두껍지 않기에 고기 냄새가 강하지 않으며, 크기도 크지 않고 여성들이 먹기에 적당하다. 다만, 피클을 싫어 한다면, 피클이 갈아져 나오는 사우전 아일랜드 소스가 일품인 인 앤 아웃(IN N OUT) 버거의 맛을 제대로 느끼기는 힘들다. 하지만 전반적으로 버거와 패티는 후레쉬하고 맛있다. 가격도 위에서 이야기한 다른 햄버거에 비하여 낮은 편이다. 그래서인지 인 앤 아웃(IN N OUT) 버거를 먹은 대부분의 사람들은 이야기한다. 가성비 최고의 햄버거라고. 결론은 "패스트푸드의 고급화"

이제까지 미국 동부, 중부, 서부의 유명 햄버거 전문점에 대해 간략하게 소개하여 보았는데, 마지막으로 오랜 전통을 자랑하는 뉴욕의 햄버거 레스토랑 하나를 소개하려고 한다.

J.G. Melon

J.G. Melon은 1972년 오픈한 이래 수많은 뉴요커에게 꾸준히 사랑받아 온 전통 있는 레스토랑이다. 1979년 더스틴 호프만과 메릴 스트립의 영화 〈크레이머 대 크레이머〉(Kramer Vs. Kramer)에 등장한 이후 여러 셀럽들에게도 사랑받아 왔으며 트립 어드바이저(tripadvisor), 미슐랭가이드(MICHELIN GUIDE), 자갓 서베이(ZAGAT) 외 다수의 평가기관에서 수년 동안 호평을 받아 왔다. 이러한 유명세를 타 처음 시작된 뉴욕의 어퍼 이스트사이드(Upper Eastside) 외에 어퍼 웨스트사이드(Upper Westside)와 그리니치 빌리지(Greenwich Village) 등에 지점을 늘렸다. 내부는 본 레스토랑의 이름과 같이 수박을 연상시키는 데코와 그림으로 꾸며져 있다. 이곳에서 가장 사랑받는 메뉴는 이미 다수 연예인들의 극찬을 받아 온 치즈버거와 베이컨 치즈버거이다.

"역사를 자랑하는 뉴욕 수제버거"

맛의 특징　육즙이 살아 있는 신선한 고급 햄버거
고기 두께　두껍지만 조금 작은 편
햄버거 전체 크기　작은 편

위아래로 잘 구워진 버거 번 위에 육즙이 가득하고 리치한 패티와 그 위에서 녹고 있는 치즈, 신선한 양파가 어우러져 명품 햄버거가 탄생된다. 다른 수제버거 전문점 고기가 패티라면 이곳은 패티와 생고기의 중간이 되는 듯한 느낌을 받을 정도로 상당히 신선한 고기 본연의 맛을 느낄 수 있다. 전통이 있는 오래된 뉴욕의 자그마한 레스토랑이란 점과 깊고 리치한 햄버거의 맛이 잘 어우러져 햄버거로 유명한 뉴욕 본연의 레스토랑에서 햄버거를 먹는다는 느낌을 실감할 수 있는 곳이다. 그 모든 것들이 여러 셀럽들에게 사랑받아 온 이유이기도 할 것이다. 참고로 식당에선 현금으로만 결제가 가능하다.

East 74th St / 3rd Ave 외 다수

Graffiti & Mural Art In New York

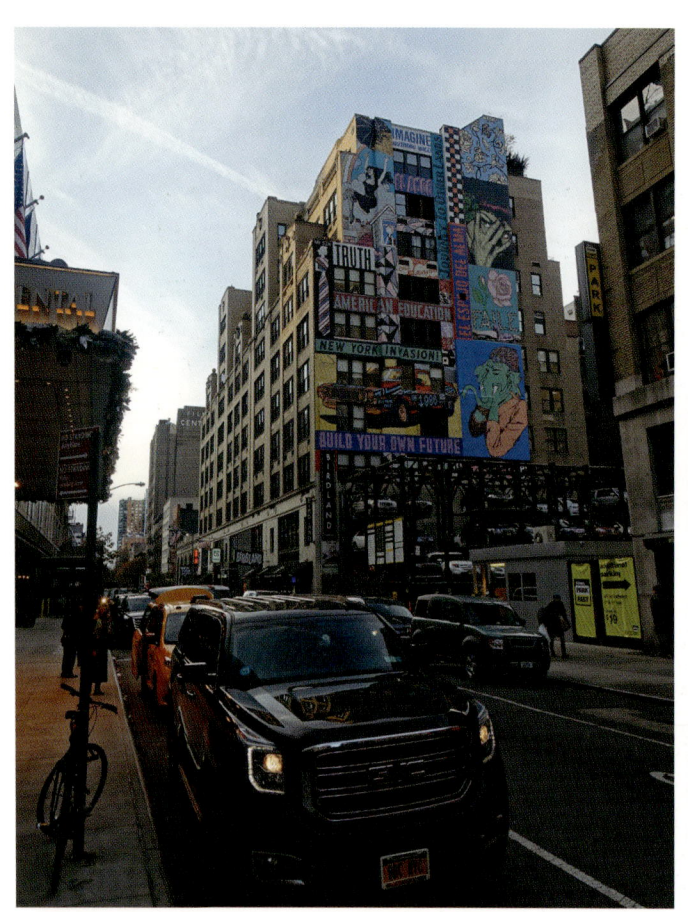

세계 제일의 도시 뉴욕. 엠파이어 스테이트 빌딩, 타임스퀘어, 브로드웨이 뮤지컬, 월 스트리트, UN본부 등 뉴욕을 상징하는 것은 한두 가지로 정의할 수 없을 것이다. 정치, 경제, 문화, 미디어 등 여러 분야의 중심지인 뉴욕의 거리를 거닐면서 우리는 이 도시의 특별함을 느낀다. 그런데, 우리의 뇌리에 뉴욕을 더욱 잊지 못할 도시로 각인시켜 주는 양념과 같은 역할을 하는 것들이 있다. 바로, 뉴욕 곳곳을 수놓은 그래피티이다. 적재적소에서 뉴욕을 더욱 돋보이게 하는 그래피티를 정리하여 보았다.

| 그래피티의 박물관 하이라인(High Line) |

웨스트 12번가 주변부터 34번가에 이르기까지 뻗어 있는 하이라인 공원. 다운타운 시작점인 첼시(Chelsea)의 뉴휘트니 뮤지엄(New Whitney Museum)과 하이라인이 맞닿는 곳에 벽화가 있다. 때로는 한 폭의 그림과도 같고 때로는 사진처럼 정밀해 보이는 이 벽화는 앞으로 시작될 하이라인이 공원을 넘어서 하나의 예술 공간임을 암시하여 준다.

하이라인 공원 전체의 중간지점. 오랫동안 걸은 사람들이 잠시 휴식을 취할 수 있도록 계단식 공간을 마련해 놓은 곳이 있다. 그곳에서 사람들은 맞은편 벽을 보며 무엇인가를 상상한다. 하이라인이 조성된 초기에는 아무 그림이 없었던 이곳. 매해 새로운 작품들로 다시 벽면이 채워진다. 그리고, 이곳에 오기까지 바쁘게 움직여 온 다리는 잠시 쉬게 하고 대신 그동안 조금 쉰 머리를 움직이게 한다.

THOU SHALL
COVET.
Cadillac
COUPE
LAMAR
RIESE

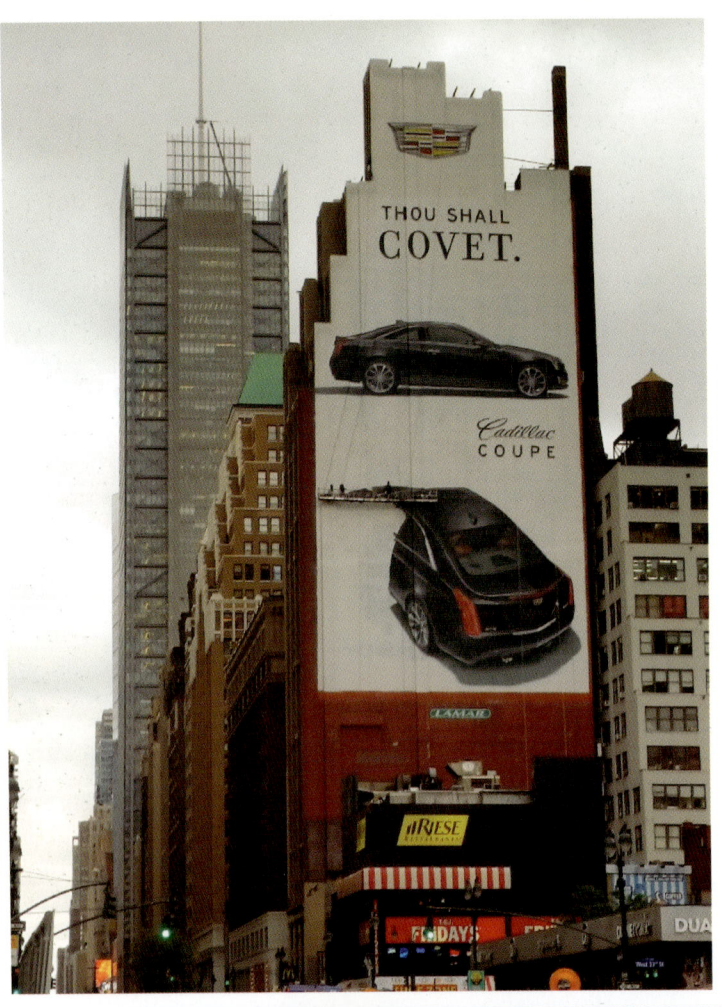

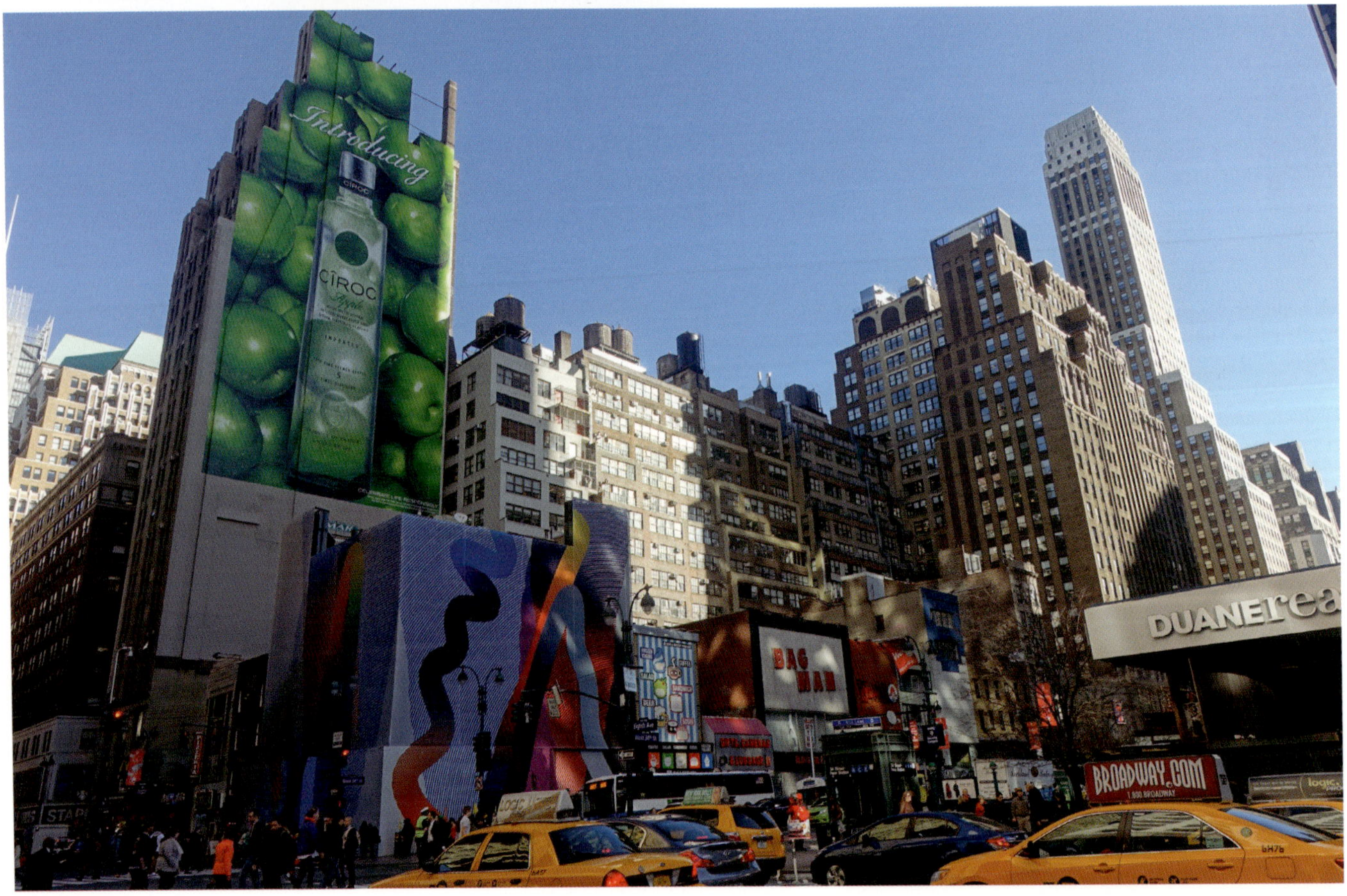
Introducing
CÎROC
BAG
MAN
BROADWAY.COM

하이라인의 업타운 방향 제일 마지막 지점은 웨스트 34번가이다. 그곳에서 펜스테이션(Pensylvania Station) 방향으로 8th Ave에 다다르면(West 34th St/ Eighth Ave) 대각선으로 맞은편 높은 건물에 거대한 벽면을 따라 내리뻗은 한 폭의 그림을 볼 수 있다. 너무 생생하여 거대한 사진을 펼쳐 내린 것처럼 보이지만 페인트로 벽면에 직접 그린 것이다. 이 거대 벽면을 활용한 광고는 자동차, 화장품, 술에 이르기까지 다양하다.

위에서 언급한 세 곳의 그래피티는 매년 그 모양이 변경된다. 뉴욕 하이라인을 가게 된다면 건물 사이사이를 걸으며 종종 볼 수 있는 벽화와 그래피티들을 체크해 보는 것도 여행 중 또 하나의 재미가 될 것이다.

소호(SOHO)의 그래피티

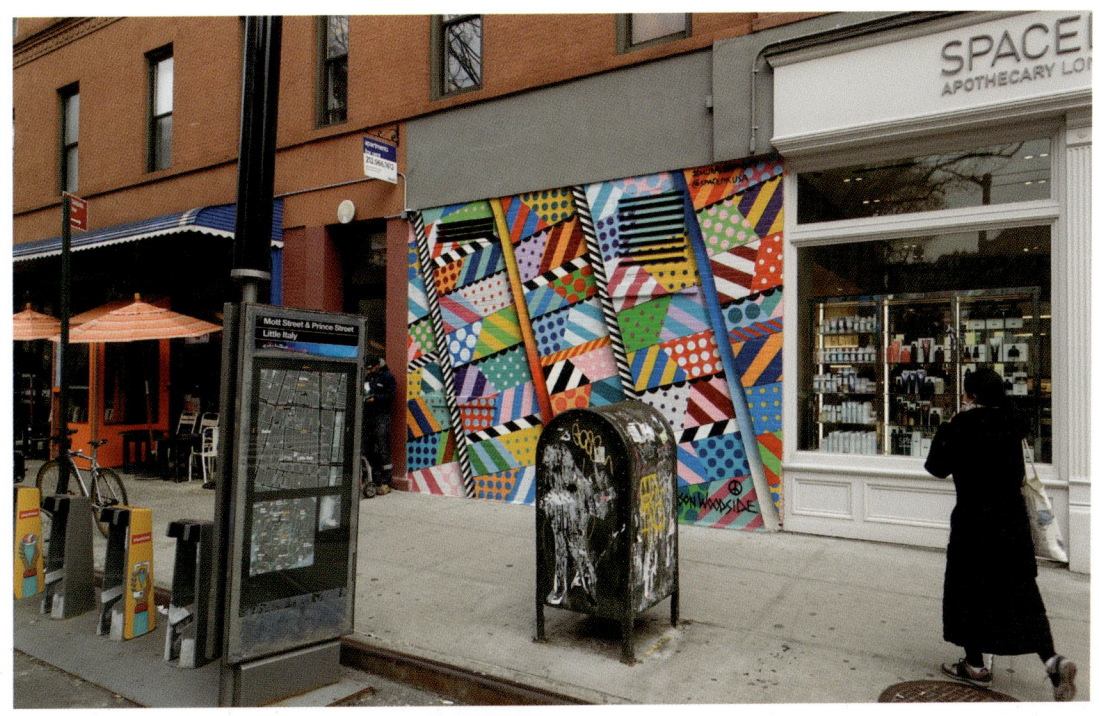

지금은 뉴욕 패션과 쇼핑의 중심인 소호. 한때 신진 예술가나 여류작가들이 모였던 개성 넘치는 곳이었지만 몰려드는 사람들 속에 렌트비는 해가 거듭할수록 오르고 젠트리피케이션(gentrification)을 증명이라도 하듯 그들이 떠난 자리는 프랜차이즈들이 점령하여 버렸다. 이젠 개성 있는 작은 상점들은 렌트비가 싼 다른 곳으로 이주하였지만 벽화만이 그들이 남기고 간 개성의 명맥을 유지하여 준다.

| 브루클린 윌리엄스버그(Brooklyn Williamsburg) |

소위 요즈음 뉴욕에서 가장 뜨고 있는 곳이다. 개성 있는 작가나 화가, 음악가 등 어느 정도 돈은 벌지만 맨해튼에 살기에는 경제적으로 부담이 되는 사람들이 브루클린 윌리엄스버그로 몰려들기 시작하면서 이곳은 아기자기한 상점과 브루클린 브루어리(Brooklyn Brewery)와 같은 펍, 유명한 레스토랑들이 넘쳐나기 시작했다. 당연히 그래피티도 함께 왔다.

LOVE THY
NEIGHBORHOOD
JAMESON
@COLOSSALMEDIA

#LOVEthyNEIGHBORHOOD
JAMESON
TASTE RESPONSIBLY 2018
IMPORTED BY JOHN JAMESON IMPORT CO. NEW YORK, NY

Yellow shoes guy on the G train - w4m

I was the brunette in the green pants. You were in yellow shoes, glancing at me, and pretended not to listen to me and my roommate discuss how I wanted to talk to you. I even missed my stop in hopes that you would say something, but you never did. I know you probably won't see this but if you do, say hi this time.

#IFITSMEANTTOBE

PARK MGM

If you're out there, meet here on Valentine's Day, 2/14 at 1:00pm.

모든 것이 컴팩트하게 한자리에 모인 뉴욕. 그런 만큼 바쁘고 빨라만 보이는 사회, 젊어 보이는 에너지는 뉴욕 곳곳의 벽면을 그래피티로 반영한다. 지금도 뉴욕 여기저기에선 새로운 벽화와 그래피티들이 그려지고 있다. 여행, 출장, 일상에 상관없이 뉴욕에서 여러분이 지쳐 잠시 쉬어갈 때 맞은편 건물에 보이는 벽화나 그래피티는 당신의 마음에 적잖은 안식을 줄 것이다.

'라'와 '니'의 차이

| LA 비버리힐즈(Beverly Hills) VS NY 소호(South Of Houston st.) |

브루클린으로 가는 두 남자

겨울이라고 하기엔 따스했던 2월의 어느 날 뉴욕 유니온 스퀘어(Union Square)의 대형서점 반즈 앤 노블(Barnes & Noble). 4층으로 올라오는 에스컬레이터를 따라 머리끝부터 승현이의 모습이 보이기 시작했다.

"형 안녕하세요. 뉴욕에서 보니 더 반가워요.", "나도 내가 승현이를 뉴욕에서 볼 줄 몰랐네?"

3주 전까지만 해도 서울에서 만났던 우리가 다시 지구 반대편 뉴욕에서 만난 것이었다. 그것도 각양각색의 사람들이 모이고, 엠파이어스테이트 빌딩이 있는 미드타운과 패션/쇼핑의 거리 소호를 이어주는, 뉴욕에서 가장 유명한 약속 장소인 유니온 스퀘어에서…! 너무 신기했다.

둘 다 약간 배가 고픈 상태였기에 반가운 이야기들은 식사를 하면서 하기로 했다. 우리가 선택한 곳은 멕시코 요리 프랜차이즈 치폴레(Chipotle). 지난 수년간 뉴욕을 다녀가면서 쉐이크 쉑(Shake Shack), 파이브 가이즈(Five Guys) 등 유명 햄버거집과 여러 레스토랑을 다니며 블로그와 매거진에 맛집들에 관하여 정리하였지만 이상하게도 미국 전역에 지점이 있는 치폴레는 가보지 않았기에 내가 가자고 이야기했고 그곳에 이르자 승현이는 주문하는 요령에 대하여 친절하게 설명해 주었다.

승현이를 처음 알게 된 것은 1년 전 여름 교회 모임에서였다. 그때 승현이는 대학교 1학년을 마친 후 방학을 이용하여 한국에 나온 것이었는데, 서로 이야기를 하다 보니 승현이가 CUNY(City University Of New York)의 재학생인 것을 알게 되었고 마침 내 사촌 동생이 CUNY에서 부교수로 재직하고 있어서 서로 더욱 친해지게 되었다. 우리는 식사를 하면서 승현이의 공부와 일, 이번 학기 마치고 승현이가 가야 할 군대 등 여러 이야기를 하였지만 그 끝은 다이어트로 귀결되었다. 작년 여름 그리고, 얼마 전 겨울 서울에서 보았을 때에도 우리 대화의 주제는 다이어트였는데, 지구 반대편 뉴욕까지 와서도 동일하니 다이어트는 남녀노소, 시간과 장소를 가리지 않는 중요한 주제임을 실감했다. 약간은 헤비한 치폴레의 부리토를 다 먹은 후 우리는 담화의 주제인 다이어트 실천에 충실하기 위해 문밖을 나와 걷기 시작했다.

우리의 출발점은 교복 입은 중학생부터 꼬부랑 할머니까지 모두의 약속 장소인 유니온 스퀘어. 맨해튼 다운타운 방향으로 걷기 시작했다. 그리고, 순식간에 이스트 빌리지, 노호(NOHO), 뉴욕대학, 패션과 쇼핑으로 유명한 소호(SOHO, South Of Houston st.), 차이나타운을 거쳐 뉴욕 시청사 앞까지 오게 되었다. 둘 다 뉴욕에 익숙해서인지 구석구석 걷는다고는 하였지만 한 시간 남짓한 시간 만에 25블럭 정도를 내려온 것이다.

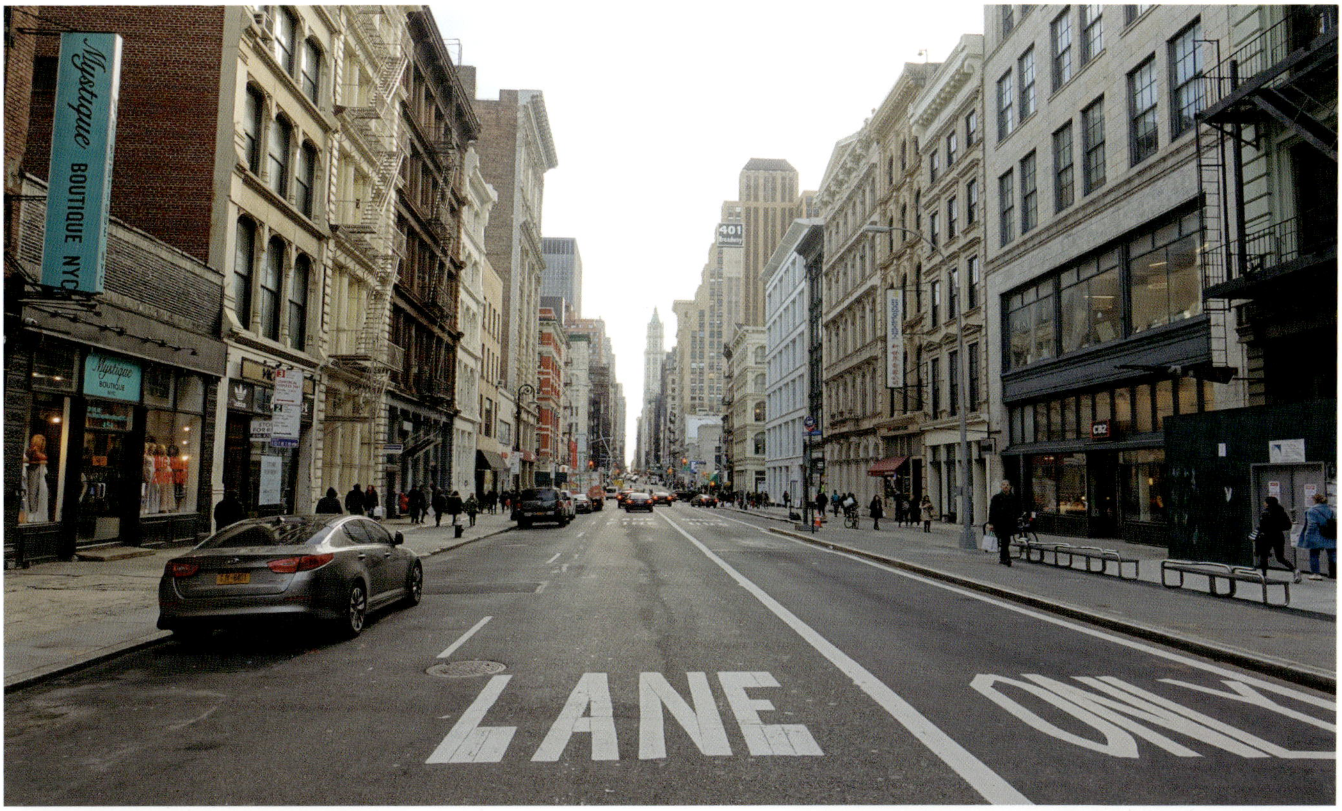
Mystique
BOUTIQUE NYC
LANE

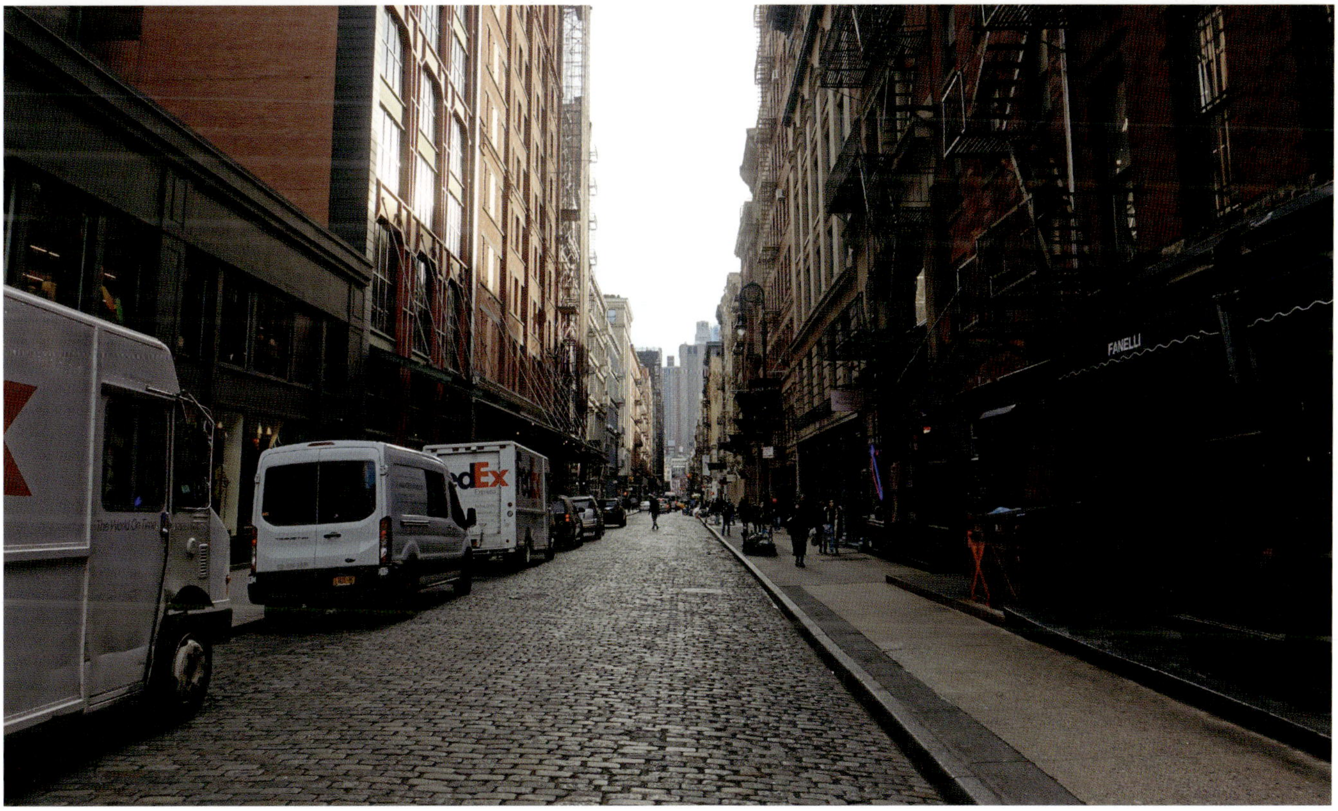
FANELLI
FedEx

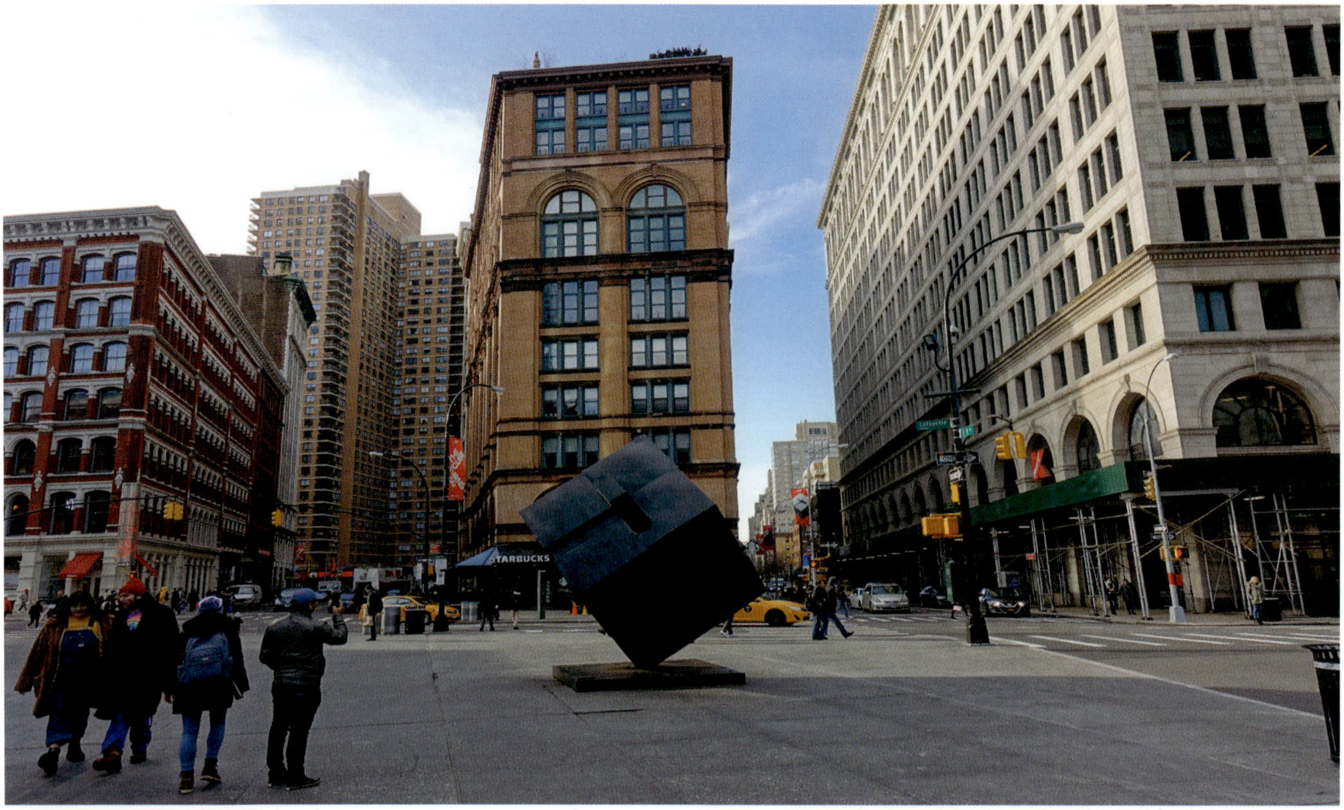

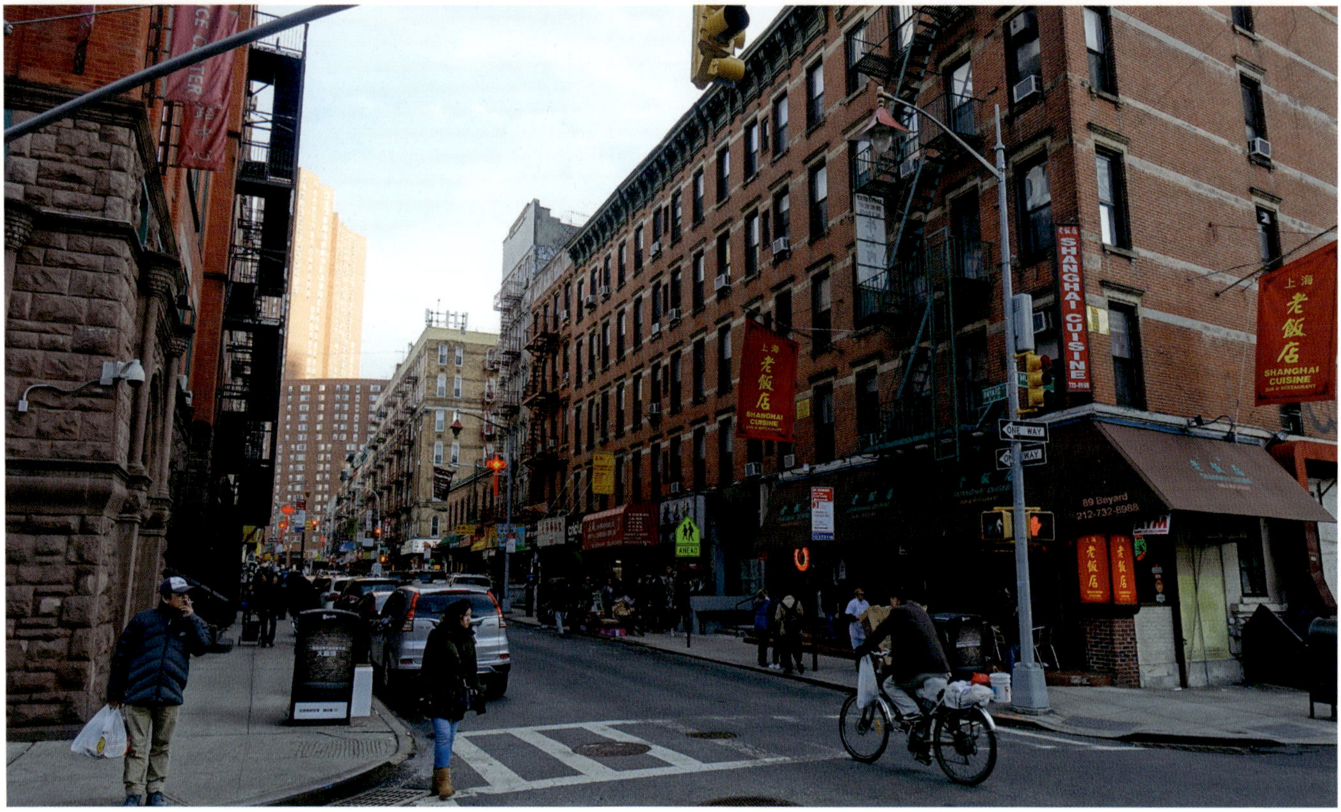

그리고, 지금 우리가 마주하게 된 시청사 앞. 이제 선택지는 '맨해튼 다운타운으로 더 내려갈 것인가, 아니면 브루클린 브리지를 건널 것인가'였고, 승현이는 나의 결정을 기다리고 있었다. 나에게 있어서 뉴욕은 세계 제일의 도시이기도 했지만 바쁘고 개성 있게 살아가는 뉴요커들의 모습을 보면 어느덧 나태함이 사라지고 더 큰 열정을 추구하는 내 모습을 보게 되는 곳이다. 그렇기에 지난 7년간 6번을 왔지만 브루클린 브리지를 건넌 것은 6년 전 한 번이었고(그것도 절반만…) 여러 영화 촬영지로 유명한 덤보(DUMBO)는 가본 적도 없었다. 이상하게 그동안 내 맘속에 뉴욕시티의 중심인 맨해튼을 벗어나는 것은 금지라는 생각이 들었던 것 같다(뉴욕주는 매우 크기에 북쪽으로는 캐나다까지 맞닿아 있지만 뉴욕시는 우리가 흔히 뉴욕시티라고 부르는 맨해튼 섬, 브루클린, 퀸즈, 브롱크스, 스테튼 아일랜드의 다섯 지역을 이야기한다).

"에잇. 다리 건너자. 한 6년 만에 건너 보는 것 같은데…."

두 남자는 브루클린 브리지를 건너기로 결정했다. 2월 중순이지만 이상기온 탓인지 봄 햇살이 비추었고 온도는 섭씨 10도가 조금 넘는 듯했다. 브루클린 브리지가 세계에서 가장 유명한 다리 중 하나이기 때문인지, 걷기에 딱 좋은 날씨 덕인지 다리는 양옆으로 브루클린으로 가는 사람들과 맨해튼으로 오는 사람들로 가득 찼다. 물론, 주변에선 한국말도 들렸고, 중국말, 우리가 알지 못하는 외국어 등 영어 빼고 다 들리는 것 같았다. 나는 너무 오랜만에 건넜기에 모든 것을 사진에 담고 싶어 연거푸 걸음을 멈추고 카메라 셔터를 눌렀다. 이곳이 인산인해를 이루었기에 마치 제3세계 언어로 떠들며 지나가는 커플들, 부부들, 가족들이 사진 프레임에서 사라질 때까지 기다리고 기다리며 카메라를 들고 있었고, 승현이는 그 시간들을 너그러이 함께해 주었다. 마치 처음 온 사람처럼 사진을 찍어 대어 '나 뉴욕 자주 온 사람 맞나?'라고 자문할 정도였으니….

WELCOME TO BROOKLYN

그렇게 다이어트를 위해 유니온 스퀘어에서부터 시작하여 브루클린 브리지를 건너게 된 두 청년 발 앞에 문장 하나가 들어왔다.

"Welcome To Brooklyn."

"브루클린에 오신 것을 환영합니다."

6번을 오고 난 뒤에야 브루클린에 오게 되다니 이제까지 내 머릿속 지도 안에서 뉴욕 시티는 곧, 맨해튼이라는 고정된 빨간 핀을 꽂아 왔던 나에게 새로운 길이 열리는 순간이었다. 그리고, 우리의 걸음은 자연스럽게 덤보로 향하게 되었다. 영화 〈원스 어폰 어 타임 인 아메리카〉(Once Upon A Time In America) 포스터에 나온 덤보에 다다르자 승현이가 말했다.

"맙소사. 제가 형이랑 덤보를 오게 될 줄 몰랐어요."

"나도 내가 너랑 덤보에 오게 될 줄 몰랐어. 하하하."

국내 유명 쇼 프로그램 덕분인지 덤보에 다다르자 우리 주위에는 90%가 한국 사람이었으며, 대부분이 커플이거나 여자들이었기에 우리처럼 남자 둘이 온다면 이성 교제에 문제가 있는 사람들로 여겨지기에 딱 좋아 보였다. 그런 것을 느꼈는지 둘 다 너무 어색해했다. 문제는 순진한 두 청년은 쑥스러워서인지 서로의 사진만 찍은 후 주변의 '한국' '여자' '사람'에게 가서 사진을 요청하거나 찍어 주겠다는 말조차 걸지 않았다. '승현이는 정말 뉴욕에서 공부만 열심히 하는 착실한 청년인 것 같다.' 결국 승현이가 외국 사람에게 사진을 부탁해서 둘이 함께 간단한 사진을 남겼다.

이제 저녁이 되어 한산해진 뒤 골목을 지나 브루클린 브리지 공원에 다다르게 되었고, 우리 앞으로 맨해튼 다운타운의 야경이 펼쳐졌다. 불과 3주 전까지만 해도 서울 코엑스를 거닐던 우리가 맨해튼 야경을 같이 보고 있다니 신기하게 느껴졌다. 이스트강 한쪽 편, 바다와 맞닿는 쪽으로 해는 뉘엿뉘엿 지기 시작했고 오늘 하루가 머릿속에서 재생되었다. 유니온 스퀘어, 이스트 빌리지, 소호, 차이나타운, 시티홀, 브루클린 브리지, 덤보까지 약 10여 킬로미터를 걸어온 것 같았다. 내 개인적으로 무엇보다 더욱 의미 있었던 것은 첫째, 맨해튼을 넘어 브루클린에 다다른 것이었고 둘째, 치폴레, 차이나타운, 시티홀, 브루클린 브리지, 덤보까지 갈 기회가 너무나 많았지만 그동안 하지 않았던 것들을 하나씩 했던 것이었다. 정말 이럴 때가 있는 것 같다. 해야지 해야지 생각하며 지금 하기에 너무 쉽고 간단해서 미뤄왔던 것들, 어쩌면 어색해서 하기 싫었던 것들이 누군가와 함께하기에 실행 가능했던 것 같다. 그리고, 뉴욕에서의 그 걸음을 승현이가 함께해 주고 있는 것이었다. 그렇기 때문에 더욱 의미 있고 특별하게 느끼는 것은 아닐까 싶다. 결국 이곳은 승현이가 함께했기에 첫발을 디딘 곳이다.

그리고 마지막으로 하나 더 깨닫게 되었다. 시컴시컴한 남자 청년 두 사람이 모이면 카페보다는 함께 걷는 것이 훨씬 덜 어색하다는 것을. 맨해튼에서의 아르바이트, 공부와 동아리 관리 등 학기 시작을 앞두고 바쁜 와중에도 시간을 내주어 함께 동행해 준 승현이에게 이 자리를 빌려 다시 감사함을 전한다. 뉴욕은 특별한 곳이다. 전 세계 각양각색의 사람들이 모이는 만큼 개성 있는 곳이며 그곳에선 오만 가지 생각이 떠오르게 된다. 지금 나에겐 그날 승현이와 함께 본 브루클린 덤보에서 바라본 맨해튼 스카이라인과 분홍빛 구름이 머릿속에 생생하게 남아 있다.

더 클로이스터즈(The Cloisters)

| 중세 예술을 가장 중세답게 느낄 수 있는 미술관 |

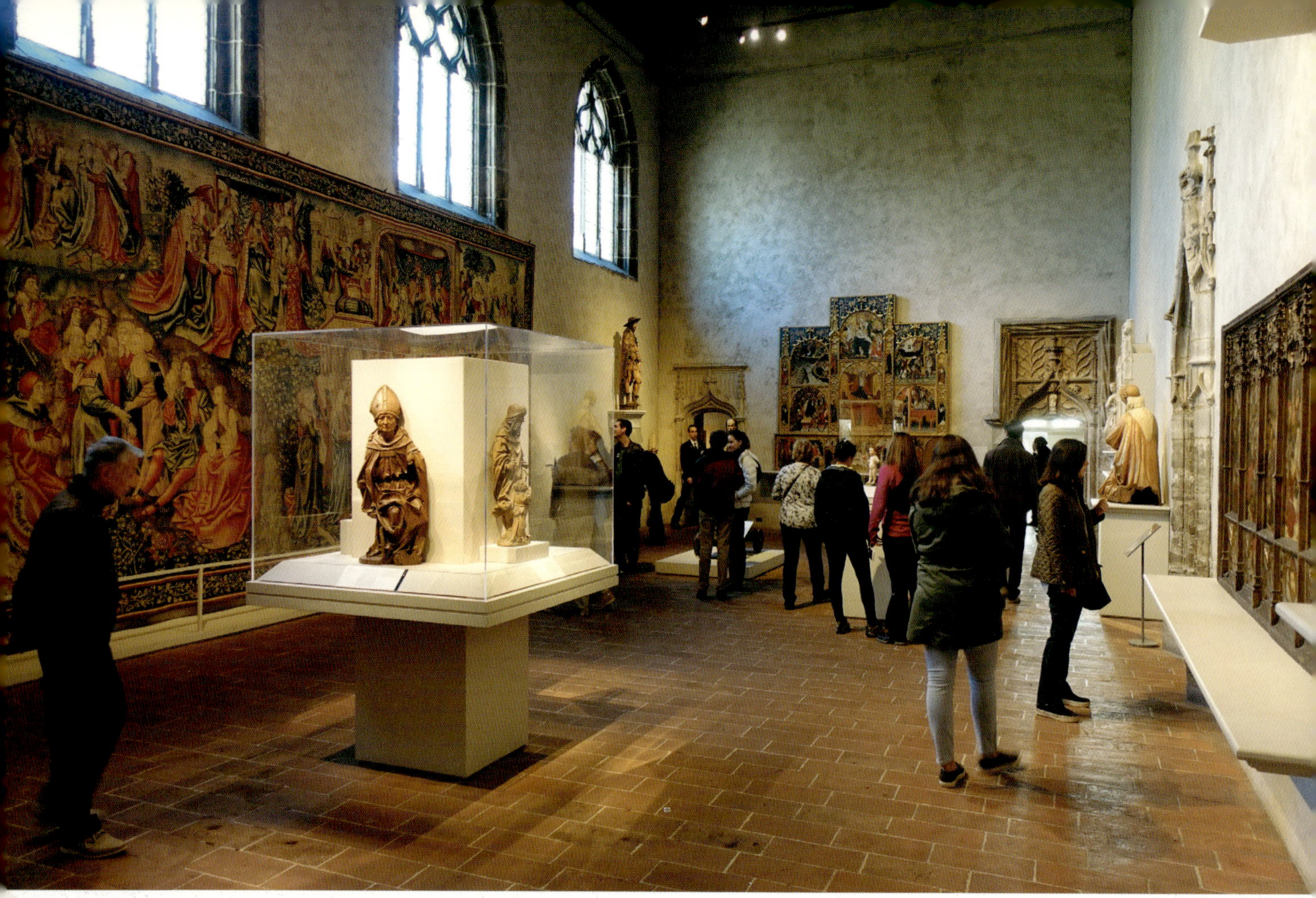

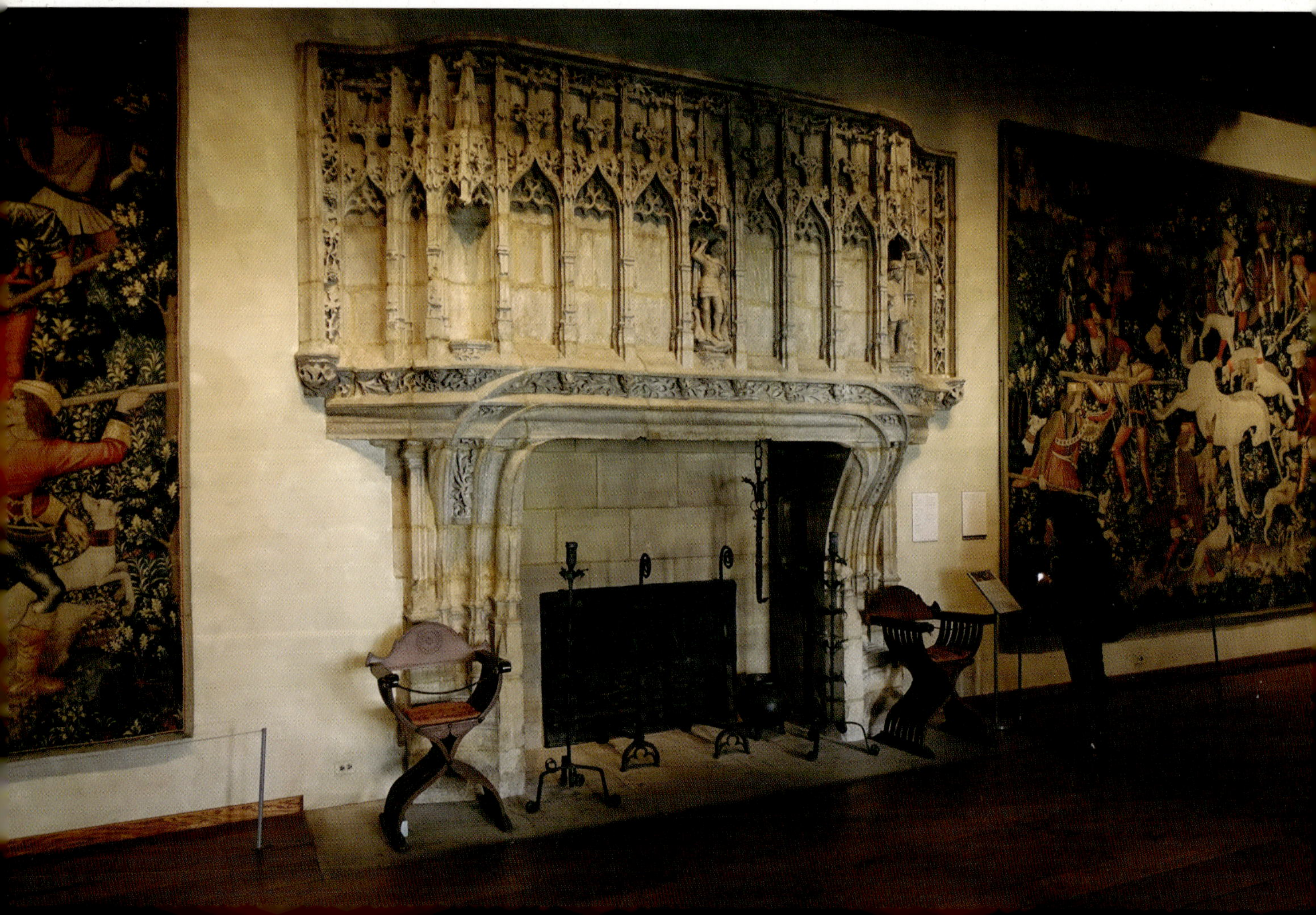

맨해튼 윗동네의 상징 할렘, 그 할렘보다 더 윗동네의 한 공원(Fort Tryon Park)에 중세 수도원의 모습을 한 미술관이 있다. 바로 메트로폴리탄 뮤지엄의 중세 분관이자 약 5,000점의 12~15세기 중세 예술품을 소장하고 있는 클로이스터즈(The Cloisters)이다. 1938년도에 설립된 본 미술관은 조각가 조지 버나드(1863~1938년)에 의해 수집된 로마네스크와 고딕양식의 중세 수도원 건축물 조각과 예술품들을 재조립, 재창조하여 건축된 미술관이다. 미술관의 각 방들은 중세 시대별로 인테리어되어 있으며 시대별 예술품이 그 시대의 환경에 맞게 배치되어 그것들이 간직한 본연의 모습을 느낄 수 있는 곳이다. 채광이 잘되는 방에서는 그에 맞는 화려한 작품들이 관람객들을 맞아 주었고, 또 다른 방에서는 어두운 조명 아래 은은한 작품들이 중세의 신비감을 자아낸다. 중세 아치 형태의 창, 벽난로, 기둥, 계단 등은 그러한 느낌을 배가시켜 준다. 한 조각가의 열정에서 수집된 중세 유럽의 건축물 조각과 작품들은 신대륙의 상징인 꿈의 나라 미국 맨해튼에서 미술관으로 다시 태어났다.

예술 작품을 구경하며 중간에 나타난 회랑과 정원이 있어 잠시 쉬어가는 시간을 가졌다. 클로이스터(Cloister)란 사전적으로 성당, 수도원 등의 지붕이 덮인 회랑을 이야기한다. 이곳에도 곳곳에 회랑과 정원이 있어 작품들을 구경하면서도 잠시 휴식할 수 있는 시간을 가질 수 있었고 또 그 쉼을 통하여 위치별로 나누어진 시대별 예술 작품들을 그에 맞는 내부환경과 함께 구분하여 관람할 수 있었다. 신기한 것은 회랑과 정원에 있는 식물과 꽃, 나무 등은 그 전시되어 있는 작품 속의 식물, 꽃, 나무들을 재배하여 시대에 맞게 전시, 관리되어서 그 당시 시대를 십분 반영한 환경이라고 하는데, 이러한 모습에서 미국인들의 전문성과 원본을 최대한 끌어내기 위한 노력이 돋보였다. 그래서인지 회랑을 걷다 보면 당장이라도 복도를 따라 수도승들이 걸어 다닐 것만 같았고, 실내에 있는 무덤에서는 검을 든 기사가 도열을 하며 서 있을 것만 같은 느낌을 주었다.

미술관 한쪽의 두꺼운 문을 여니 허드슨강 변이 나왔고 건너편 뉴저지주 절벽을 볼 수 있었는데, 그 광경이 절경이었다. 예술작품과 작품, 중세 시대와 시대 사이에 허드슨강 변, 뉴저지주의 절벽을 보니 마음이 후련해지는 듯한 느낌을 받았다.

다시 실내로 들어와 향한 곳은 중세시대의 모습을 복원한 채플. 가만히 서서 물끄러미 바라보면 중세의 환경이 주위를 감싼다. 이 미술관이 특별한 것은 중세 작품을 그 시대에 맞게 느낄 수 있는 것뿐만 아니라 회랑과 정원, 허드슨강 변의 절경, 채플 등을 통하여 영혼이 맑아지는 느낌을 받는다는 것이다. 경건해지는 느낌. 바로 그것이 다른 현대식으로 잘 지어진 미술관과 이곳을 구분하여 준다.

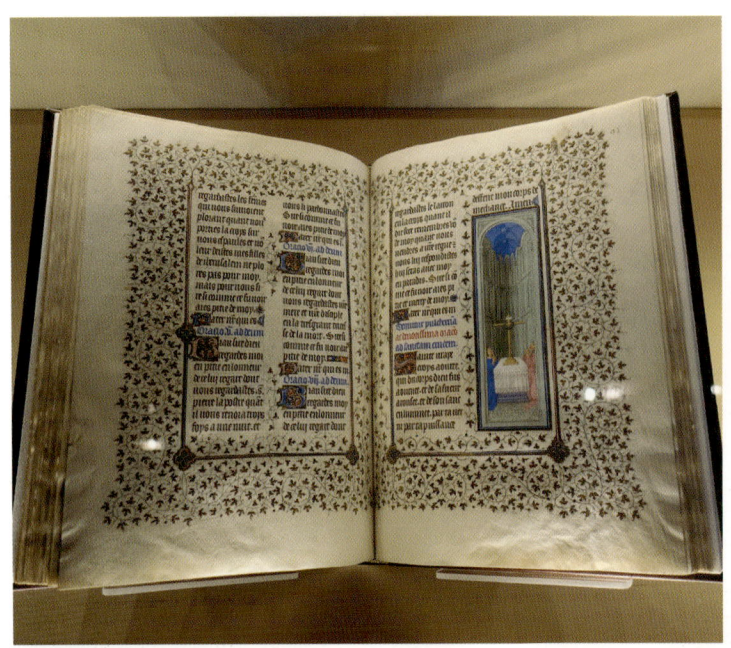

세계 제일의 도시이자 각양각색의 민족이 모여 사는 메가시티 뉴욕 맨해튼에 가장 고풍스러운 클로이스터스가 있는 것이 아이러니하다. 그 대조적인 면이 클로이스터즈 안에 있는 우리를 주변과 더욱 구별시켜 주는 듯한 느낌을 준다. 유럽 여러 곳의 미술관과 박물관을 다녀 봤지만 이렇게 그 당시 중세의 시대상과 환경에 맞게 꾸며 놓은 미술관은 보지 못했다. 물론, 유럽 대부분의 도시들은 집 앞 주변 자체가 박물관이자 오래된 작품이겠지만 전혀 생소한 신대륙의 메가시티에 중세의 모습을 복원하고자 노력한 미국의 전문성과 노력에 감탄이 나온다. 역사가 짧은 미국에 가장 중세다운 미술관이 만들어졌다. 어쩌면 그것은 짧은 역사에 대한 열등감을 보완하기 위한 것일 수도 있고, 아니면 단지 그들이 예술과 역사를 귀중히 여기는 마음에 대해 미국의 자본이 상징적으로 투영된 것일 수도 있고, 또 어쩌면 단지 그들의 성격 자체가 치밀하고 완벽한 것을 추구하기 때문일 수도 있다. 하지만 중요한 것은 가장 중세다운 미술관이 역사가 짧은 미국의 뉴욕 맨해튼에 있다는 것이고, 이것은 그들이 예술에 대해 얼마나 숭고하게 생각하는지를 대변해 줄 수도 있을 것이라 생각한다.

9/11
메모리얼을 찾는 나의 발걸음

9월 10일 밤 10시 30분 미국 뉴어크(Newark) 공항에 도착했다. 그때에는 미국행 비행기가 많지 않아 인천에서 출발, 시카고를 경유하여 뉴어크에 도착하였다. 시카고에서 내렸다가 다시 타는 절차가 있었기에 시간이 좀 지연되었고 장시간의 여정으로 나의 몸은 피곤했다. 뉴어크 공항에서 짐을 찾고 나오는 길이 내리막길로 되어 있어서 잠시 멈칫한 사이 카트의 짐들이 모두 쏟아져 내렸고 나를 지켜보던 대기선 밖 사람들이 큰 소리로 웃었다. 그리고, 그들의 한가운데에서 이모가 나를 보며 미소 짓고 있었다. 모두에게 웃음을 안겨 주며 미국에 첫발을 내디뎠다. 이모 집으로 가는 길. 그때가 군대를 전역한 지 얼마 되지 않았었기에 차창 밖 뉴욕 풍경은 신기하기만 했다. 멀리 맨해튼 스카이라인이 보였고 그 가운데 우뚝 솟은 쌍둥이 빌딩도 있었다. 나는 피곤함 속에 이모 집에 도착하자마자 바로 잠자리에 들었다. 다음 날 아침 느지막하게 일어나 보니 이모부는 이미 회사에 출근하신 상태였다. 늦은 아침을 먹고 있었는데 이모부에게서 전화가 왔다. 길이 너무 막혀 이상하다고 뉴스를 틀어 상황 좀 확인하여 달라는 전화였다. 우리는 그 이유를 찾기 위해 TV를 틀었고 뉴스 채널로 돌려 보았다.

사실, 이 글에 앞서 여러분께 알려드리지 않았던 것이 있다.

내 삶에 큰 의미를 부여하게 된 한 장의 사진

내가 도착한 날은 2001년 9월 10일 밤 10시 30분이었던 것이다. 어젯밤 미국에 첫발을 내디디면서 보았던 월드 트레이드 센터(World Trade Center)가 무너졌고 뉴욕 맨해튼은 아비규환이 되어 있었다. 불과 몇 시간 전에 도착한 나로서는 너무나도 충격적인 일이었다. '한국에서 몇 시간만 늦게 출발하였다면, 아니 12시간 후에나 있을 다음 비행기를 탔었다면, 시카고를 경유할 때 조금 늦어서 다른 루트로 비행기를 갈아탔었다면…'이라는 여러 가지 생각들이 내 머리를 스쳤고 옆에서 이모는 적잖이 위로해 주었다. 이렇게 9/11은 나에게 찾아왔다.

며칠 뒤 맨해튼에 나가 보았다. 사건이 일어난 그라운드 제로(Ground Zero)는 폐쇄되었고 반경 몇 km 밖까지 철조망으로 둘러싸여 있었다. 그 안으로는 시멘트 먼지가 자욱하였고 수개월이 지나도 지속되었으니 무너져 내린 현장의 규모를 알 수 있었다. 철조망 밖에는 희생된 사람들을 위하여 가족, 친구, 친지들이 가져다 놓은 꽃과 편지, 촛불들이 있었고 사람들은 그 안의 처참한 광경을 보며 흐느끼고 있었다. 그러한 애도의 행렬은 오랫동안 지속되었다.

그로부터 11년이 지난 2012년 겨울 나는 회사에 휴가를 내어 다시 뉴욕에 가게 되었다. 그리고, 오래전 나에게 충격을 주었던 그 장소를 다시 찾게 되었다. 그때 그라운드 제로는 9/11 메모리얼(Memorial)과 원 월드 트레이드 센터(One World Trade Center)건설에 한창이었고 사전 예약자에 한하여 내부를 관람할 수 있었다. 다행히 사촌 동생이 미리 예약해 두어서 우리는 쉽게 들어갈 수 있었다. 9/11 메모리얼에는 당시 희생된 모든 사람들의 이름이 새겨져 있었다. 그곳에 새겨진 이름들 중에는 당시 건물에서 근무하던 사람들뿐만 아니라 건물이 무너져 내릴 당시 사람들을 구하러 들어갔다가 2·3차 붕괴로 순직한 소방공무원, 경찰관 등 공직자들도 있었다. 그들을 위한 기념비도 세워져 국가, 국민을 위해 헌신한 사람들을 기리고 있었다. 미국은 경찰관, 소방관, 군인 등 국가를 위해 헌신하는 공무원의 명예를 지켜 주고자 하며 그들에 대한 처우가 좋다.

희생된 사람들을 기념하는 공원을 보며 11년 전 당시의 맨해튼을 생각했다. 몇 개월이 지나도 공기 중에 떠다니던 흙먼지 바람과 시멘트 가루들, 철조망 밖에서 주저앉아 할 말을 잃고 울먹이던 사람들 그리고 그 사건이 일어나기 바로 전날 밤 군대에서 전역한 지 얼마 안 되어 미국 방문에 신이나 공항 밖으로 나오며 발을 헛디뎌 모든 짐을 엎으면서도 싱글벙글했었던 나의 모습, 그 밖에서 나를 보며 크게 웃었던 미국 사람들과 미소 짓던 이모의 모습이 교차되어 머릿속을 스쳐 갔다.

저마다 9/11사건을 바라보는 생각과 마음은 다를 것이다. 나 자신에게는 그때부터 마음 한편에 자리 잡아 온 물음이 있다. "나는 과연 그들이 아닌 내가 산 것에 대하여 감사하는 것이 맞는 것인가?", "다행이다?"…"맞다.", "다행이다.", "감사하다." 하지만 그러한 감사함 속에는 그라운드 제로에서 희생된 사람들에 대한 미안한 마음과 말로는 표현할 수 없는 죄책감이 남는다.

그로부터 5년 후인 2018년 초 나는 9/11메모리얼을 다시 찾았다. 이제는 완공된 원 월드 트레이드 센터를 볼 수 있었고, 그 앞으로 스페인 건축가 산티아고 칼라트라바(Santiago Calatrava)에 의해 디자인되어 2016년 3월에 오픈한 오큘러스(Oculus) 즉, 월드 트레이드 센터 환승터미널(World Trade Center Transportation Hub)도 볼 수 있었다. '아이의 손에서 날아가는 새의 모양'이라고 하는 본 건물은 뉴저지 뉴어크(Newark)와 뉴욕 월드 트레이드 센터를 잇는 철도 환승역사로서 이제는 로어 맨해튼을 상징하는 건축물이 되었다. 개인적으로는 17년 전 내가 착륙한 뉴어크 공항과 월드 트레이드 센터를 이어주는 환승역사라는 것이 나의 마음을 이곳과 더욱더 엮어 주는 것 같다. 그리고, 빼어난 모습에 멋지다고 감탄만 할 수 없는 마음이 있는 이곳, 감사하다고 다행이라고 하기엔 죄책감이 더 큰 무게로 다가오는 이곳을 다시 찾았다. 채광이 잘되는 오큘러스의 뼈대 사이사이로 로어 맨해튼의 빛이 비춘다. 그 빛은 지난날 희생된 사람들에 대한 기념의 빛, 추모의 빛이라고 믿는다. 어쩌면 이제 나에게 그만 마음을 가볍게 내려놓아도 된다는 그들의 속삭임이라고 믿는다.

하루에도 수십, 수만 명의 사람들이 9/11메모리얼, 월드 트레이드 센터, 오큘러스를 방문한다. 과거 이곳은 수많은 사람들의 목숨이 희생된 슬픔과 죄책감이 머무르던 공간이었고 많은 이들이 눈물을 흘렸다. 하지만 이제는 밝은 빛으로 그들을 기념할 수 있는 장소로 바뀌었다. 가장 많은 사람들이 모이는 세계의 중심 뉴욕, 세계 금융의 중심인 월 스트리트가 있는 로어 맨해튼에 그들을 기념할 수 있는 장소를 마련해 놓은 것은 우리에게도 시사하는 바가 크다. 흔히 자본주의의 끝을 볼 수 있는 곳을 미국 뉴욕이라고 이야기한다. 세계 자본이 모이는 가장 과열된 도시 한복판인 로어 맨해튼에 희생자들을 기억하는 공간을 만들어 놓은 것은 단순히 이곳이 그라운드 제로이기 때문이 아닌 자본주의를 넘어선 더 높고 숭고한 가치를 추구하는 미국 사회의 윤리의식을 나타내어 준다고 생각한다. 이러한 생각의 전환 가운데 이제 나의 마음속 부담도 조금은 가벼워지는 느낌이다. 그 상황을 모면한 것에 한편으로는 작은 빚을 진 마음으로 앞으로 선하게, 의롭게 주위 사람들을 도와주며 그들의 몫까지 다하여 살아야겠다고 소박한 다짐을 한다. 그리고 비상하는 오큘러스의 날개처럼 하늘나라에 있을 그들의 축복을 기원한다. 부디 앞으로 이곳을 방문하는 사람들에게 멋진 건축물에 대한 감상과 더불어 짧게나마 희생된 사람들을 위한 가볍지 않은 축복을 기원해 주시길 부탁드린다. 아울러 9/11사건으로 희생된 분들의 가족들에게 소소한 위로의 말씀을 전하고 싶다. 그들의 이름은 이곳에 새겨져 있다. 하지만 그들은 우리 모두의 마음 가운데 있다. 적어도 이곳을 찾는 모든 사람들의 마음속에.

INTEGRITY NEW YORK

초판 1쇄 발행 2018년 7월 9일

지은이 정인기
펴낸이 장길수
펴낸곳 지식과감성#
출판등록 제2012-000081호

디자인 이다래
편집 이현, 안영인, 최지희, 박지혜
교정 나은비
마케팅 고은빛

주소 서울시 금천구 벚꽃로 298 대륭포스트타워6차 1212호
전화 070-4651-3730~4
팩스 070-4325-7006
이메일 ksbookup@naver.com
홈페이지 www.knsbookup.com

ISBN 979-11-6275-220-3(03940)
값 15,000원

ⓒ 정인기 2018 Printed in Korea

잘못된 책은 구입하신 곳에서 바꾸어 드립니다.
이 책의 전부 또는 일부 내용을 재사용하려면 사전에 저작권자와 펴낸곳의 동의를 받아야 합니다.

이 도서의 국립중앙도서관 출판예정도서목록(CIP)은 서지정보유통지원시스템
홈페이지(http://seoji.nl.go.kr)와 국가자료공동목록시스템(http://www.nl.go.kr/kolisnet)에서
이용하실 수 있습니다. (CIP제어번호 : CIP2018021063)

 홈페이지 바로가기